AF389821

SOTISIER,

OU

RECUEIL

DE

B. S. & F.

Sunt mala, sunt bona quædam.

PARIS.

***

M. DCCXVII.

Lecteur defœuvré,

QUand tu auras parcouru cet,
Ecrit jusqu'au bout, tu deman-
deras, peut être, à quoi bon ce recueil de
balivernes fans ordre ni fuite? & quel
eft le but de ce Rapfodifte de fornettes
& de fadaifes? Mais avant de répondre
& te dire le *cui bono* Je te ferai une que-
ftion: A quoi t'es tu attendu, ou à quoi
as tu deu t'attendre après la lecture du
titre du Livre :   & pourquoi y as
tu mis ton tems & ton argent, fur
tout après un avis fi ingenu? Cepen-

)(2

dant

dant ſi Je m'aperçois que le Public ait du goût pour ces belles choſes, je lui en donnerai bien tôt un ſecond volume pareil à celui-cy, ou le même beaucoup augmenté.

Erratum.

Page 31. Ligne 19. froter, liſez &c.

TABLE.

)(3   *Con-*

TABLE.

Doci-

TABLE.

la

TABLE.

TABLE.

TABLE.

Refpect

Vers

TABLE.

SOTI.

SOTISIER,

OU
RECUEIL

DE
B. S. & F.

A Vec l'Email de nos prairies,
   Qand on le Sait bien façonner,
On peut auffi bien S'ajufter
Qu'avec l'or & les pierreries.

Apes in omnibus quærunt,
Non ex omnibus carpunt.

A   Ou

ON ne peut guere donner une idée plus naturelle des pieuſes extravagances des My-
ſtiques & Myſtagogues ſur leur pretendu
Amour Parſait, qu'on l'a fait par cette galante
declaration qu'on a miſe en chanſon.

IRis, tu ſais que je t'aime,
  Mais c'eſt d'un amour parfait;
Je ne veux rien pour moi même,
Je ne forme aucun ſouhait.
Sans m'attacher à te plaire.
Je me borne à mes ardeurs;
Et me croirois mercenaire,
Si je cherchois tes faveurs.
Ce teint plus frais que l'Aurore,
Ces yeux ſi remplis d'appas,
Ne ſont pas ce que j'adore,
Je n'y penſe même pas;
Mon amour eſt epurée,
M'attachant à ces objets,
Elle ſeroit alrerée
Par de ſi foibles ſujets.
En fin mon amour conſiſte
Dans une conformité,
Qui fait que je ne reſiſte
Jamais à ta volonté.

De

De tout mon coeur je t'embraſſe
Si tu daignes t'approcher ;
Mais ſi tu fais Volte-face,
Je n'irai pas te chercher.
Si tu veux toute ma vie
Je prendrai ſoin de te fuir ;
Et ſi telle eſt ton envie ,
Je conſens à te haïr.
Si tu prens pour une offenſe
Ce que j'avance en ce lieu ;
Sache qu' à preſent en France
C'eſt ainſi qu'on aime Dieu.

ON diſoit de l'incomparable *Don Juan,*
Bâtard d'Eſpagne : *Famâ ſuper ætera
notus.* Et les malicieux ecrivoient : *Famâ
ſuper ætera Nothus.*

PORTRAIT
DE
M. L'ARCHEVEQVE DE CAM-BRAI, PAR M. PAVILLON.

A Voir une grande Sageſſe,
Beaucoup d'eſprit & de douceur,
Avoir beaucoup de politeſſe,
Toûjours une charmante humeur;
Avoir devant les yeux ſans ceſſe
Son Dieu, ſon devoir, ſon honneur;
N'avoir jamais eu de foibleſſe
Ni dans l'eſprir, ni dans le coeur;
N'avoir que de l'indifference
Pour la gloire & pour l'abondance;
Dans le malheur être toûjours content.
C'eſt en quoi, Fenelon, tout ton crime con-
ſiſte,
Et ſi c'eſt être Quietiſte,
Jamais homme ne le fut tant.

Viri Magni etiam dum errant docent.

RA-

RAFLE DE SEPT.

Astarot & Guislain, l'un Diable & l'autre Moine,
Difputoient un jour fortement ;
Le cas arrive rarement,
Car il n'eft plus de Saint Antoine,
Qu'un Diable tentoit vainement.
Diable & moine aujourd'huy s'accordent aifement.
Le fujet de cette querelle
Rouloit fur une Maquerelle.
Elle êtoit dans un mêchant lit,
Toute prête à rendre l'efprit.
Le Diable pretendoit qu'on lui livrât cette ame,
Trop digne, difoit il, de l'eternelle flame ;
Il alleguoit mille forfaits,
Pucelages vendus, revendus, puis refaits,
Cent & cent femmes debauchées ,
Autant d'Avant-terme accouchées.
Guislain rêpondit là-deffus :
La Vieille a dit fon *In-manus*,
Et meurt en bonne penitente,
Partant je la maintiens de tes grifes exemte.
Après avoir bien difputé
Et long tems en vain contefté ;
Le Diable fe fiant en fon adreffe extreme,

A 3

Ra-

Raflons, dit il, à qui l'aura;
La fortune en decidera;
Pourquoi tous les plaideurs n'en font ils pas de
        même ?
Je le veux, dit Guislain, tirons la primauté:
Chacun tire de son côte;
Par malheur elle echoit au Diable,
Qui jette trois six sur la table;
Puis dit d'un ton railleur: Guislain j'en ai beaucoup,
Malgré son *In-manus* la Vieille sera nôtre.
Guislain dit: faut tirer mon coup;
Peut être qu' à ce jeu j'en sai autant qu'un autre.
Il ramasse les Dez, les met dans le cornet,
Il tire & fait rafle de Sept.
Cette rafle a de quoi surprendre;
Mais rien n'est impossible aux Elûs du Seigneur.
Dans le sombre Manoir la Vieille alloit descendre
Sans un miracle en sa faveur;
Guislain l'obtint. Le reste est facile à comprendre.
Depuis ce tems Guislain fut fort prisé
Pendant le cours d'une assez longue Vie;
Apres sa mort il fut canonisé
Et l'on donna son nom à l'Abbaye.
Là l'on Voit un tableau d'un gotique dessein
Representant le Diable appuyé sur sa main,

Qui

Qui regarde trois Septs avec une Lunette :
En habit monacal on a peint Saint Guislain,
Et la Vieille en sale Cornette.

Probité d'une Maquerelle à l'agonie.

D'un Monastere à Venus consacré
L'Abbesse êtoit prête de rendre l'ame ;
Un vieux Dragon de debauche alteré,
Vint en ce lieu pour rafraichir sa flame.
Las ! je me meurs, lui dit la bonne Dame,
Je ne saurois. Parbleu, dit le Soudart,
Voila de l'or, envoyez quelque part ;
Mais avisez au moins, que la Donselle
Ne m'aille icy donner de mauvais fruits ;
Ah ! croyez-vous que je veuille, dit-elle,
Tromper quelqu'un en l'état où je suis ?

M. le Prince de Condé arrivant dans une petite ville du Languedoc, un de ses domestiques vint lui dire qu'un certain officier qui avoit
long tems servi sous son Altesse & en êtoit sort
connu , êtoit Maire de cette ville & devoit le
haranguer. Ah j'en suis ravi, dit le Prince, il
faut que je le demonte ; cela ne me sera pas
bien difficile, car il n'a jamais seu dire quatre

paroles de suite. Dès qu'il apperceut l'officier il affecta un grand air de gravité ; Mais M. le Maire l'aborda sans s'embaraffer & lui dit en fon patois : Monfignou fia lou ben vengu, vo faren beoure de bon vin, vo faren veire de poulide fille aqui Monfu l'avouca que vo fara lou complimen. M. le Prince fe prit à rire de cette plaifante harangue & fit mille careffes à l'officier.

Il fut auffi fort content du compliment d'un Juge d'une petite ville qui lui dit en l'abordant : Monfeigneur , Je trouverois auffi facilement qu'un autre le Secret d'ennuyer Vôtre Alteffe pendant une demi heure ; Mais je croi plus à propos de vous prefenter M. le Maire & les Echevins qui viennent vous offrir le Vin de Ville.

C'eft ce même Prince qui rêpondit à un Poëte qui après une ennuyeufe harangue, lui prefenta l'Epitaphe de Moliere : J'aimerois bien mieux, Monfieur, que Moliere me prefentât la vôtre.

UN Intendant de Province prenant poffef-fion de fa charge dans la Capitale où il y a Parlement, les Sergens vinrent en corps le
com-

complimenter ; & celui qui portoit la parole
commença: Monseigneur, comme Membres
du Parlement. Vous, dit il, en interrompant le
harangueur, Membres du Parlement ? Vous
êtes membres du Parlement comme les poils
de mon cul sont membres de mon corps.

UN homme qui venoit haranguer feuë Mademoiselle de Monpensier, Princesse souveraine de Dombes, se trouvant peut-être em-
barassé par l'air extraordinairement cavalier de
cette Princesse, au lieu de dire comme il avoit
apparemment medité: Madame, la grandeur
de vôtre naissance, commença par: Madame,
la grandeur de vôtre Nature... L'as tu veuë
ma nature, luy dit la Princesse? cette question
mit fin à la harangue.

Cette même Princesse étant un jour êtenduë
au fond de son carosse entendoit un mandiant
crier: Madame, ayez pitié d'un homme qui n'a
plus les joyes de ce monde. Helas, dit Mademoiselle, le pauvre homme est châtré. O ma Princesse, dit une des Dames qui étoient à la por-
tiere c'est un aveugle. Ha, dit elle, il est vray
je n'y faisois par reflexion.

Etant jeune elle aimoit le Prince de Condé & se flatoit de l'epouser. C'est elle qui pendant les guerres civiles pointa elle même, & fit tirer le canon de la Bastille sur l'armée du Roy pour donner au Prince de Condé le moyen de se retirer avec sa petite armée au travers de Paris. Long tems après, elle se plaignoit de ce que la Cour ne pensoit point à la marier & la laissoit vieillir fille. Comme elle en témoignoit un jour son mecontentement au Cardinal Mazarin, il luy dit : Vous êtes veuve, Madame. Comment, dit elle, je suis Veuve & je n'ay point êté mariée. O Madame, repartit le Cardinal, le coup de canon que vous avez tiré de la Bastille a toué vôtre mary.

JAmais Bosse ne fut tant celebrée que feuë la bosse du Marechal de Luxembourg, particulierement dans cette chanson.

JE ne m'êtonne plus qu'Atlas
Porte le Ciel sans être las,
Comme dit la Metamorphose ;
Puisque nous voyons en ce jour
Que toute la France repose
Sur la Bosse de Luxembourg.

Sur

Sur une Dame habillée en homme.

UN Castillan zelé pour les Laïs,
En leur faveur chantoit comme un Orphée.
Un Florentin pour l'honneur du Païs
Aux Seuls Gitons elevoit un Trophée.
Mais vous voyant en Cavalier coifée,
Chacun changea de goût & de discours :
L'Italien jura que pour toûjours
Il quitteroit sa premiere pratique
Et l'Espagnol promit tout au rebours
De n'exercer que l'amour Socratique.

Rondeau à la fille d'un Peintre, par Marot.

AU temps passé Apelles, Painctre sage,
Feit seulement de Venus le visage,
Par fiction : mais, pour plus haut attaindre,
Ton pere ha fait de Venus sans rien faindre,
Entierement la face & le corsage.
   Car il est Painctre, & tu es son ouvrage,
Mieux ressemblant Venus, de forme, & d'aage,
Que le tableau qu'Apelles voulut paindre
      Au temps passé !
   Uray est, qu'il feit si belle son image,
                              Qu'elle

Qu'elle eschauffoit en Amour maint courage :
Mais celle là que ton pere ha sceu taindre,
Y met le feu & ha dequoy l'estaindre :
L'autre n'eut pas un si gros avantage
Au temps passé !

L' Epousée Farouche radoucie.

L'Epousé la premiere nuict
Asfuroit sa femme farouche :
Mordez moy, dit il, s'il vous cuit,
Voila mon doigt en voftre bouche.
Elle y consent, il s'escarmouche :
Et après qu'il l'eut deshouffée,
Or ça, dit il, tendre rosée,
Vous ay je fait du mal ainsi ?
Adonc, respondit l'espousée,
Je ne vous ay pas mors aussi.

DomPacômeContrôleur de laComedie.

BOn Dieu que dans le monde on se deguise
bien !
Dans quelle Comedie a-t-on mieux fait son Rôle
Que Pacôme qui la contrôle
Pendant toute sa vie a sceu faire le sien ?

Si

Si les fictions & les fables
Parmi les Ghrêtiens sont blâmables
Et trahissent la verité ;
Est il fiction plus criante
Que de prêcher la Pauvreté
Avec Vingt Mille Ecus de rente ?

LA FILLE SANS PERE.

AXiocus avec Alcibiades
Jeunes, bien faits, galans & vigoureux,
Par bon accord, comme grands camarades,
En même nid furent pondre tous deux.
Qu'arrive-t-il? l'un de ces amoureux
Tant bien exploite autour de la Donselle,
Qu'il en nâquit une fille si belle,
Qu'ils s'en vantoient tous Deux egalement.
Le tems venu que cet objet charmant
Pût pratiquer les leçons de sa mere ;
Chacun des deux en voulut être amant;
Plus n'en voulut l'un ni l'autre être pere.
Frere, dit l'un, ah! vous ne sauriez faire,
Que cet enfant ne soit vous tout craché:
Parbieu, dit l'autre, il est à vous, compere;
Je prens sur moy le hazard du peché.

RE-

REPONSE PROMPTE
ET PRECISE.

HEnry IV. ſortant de la petite ville de St. Denis pour s'en revenir à Paris voyoit venir à
lui un Ecclefiaftique à toute bride & avec l'em-
preffement d'un homme qui court un Benefice
& craint d'être prevenu. Il faut, dit il, que
j'embaraffe cet homme cy & que je l'arrête
court. Et dès que le Courrier l'aborda, il lui
dit avec precipitation : d'où viens tu; où vas
tu; que demandes tu ; y a-t-il bien de crote à
Paris ? Mais le Roi fut lui même etourdit de
la rapidité de la Reponfe , qui fut : de Paris;
à S. Denis ; un Benefice; jusqu'au cul.

MAUVAISE DELICATESSE.

QUand je dis à Cloris que je la trouve
    belle ,
Que je ne puis rien voir de fi charmant ailleurs;
Et que je coucherois volontier avec elle
Si fes habits êtoient meilleurs ;
Elle même , elle me dit
D'une façon ingenuë :
Prens tu garde à mon habit ?

Quand

Quand je serois mieux vêtuë,
Pour se mettre dans le lit
Ne faut il pas être nuë ?

UN jour que le Petit Pere André , fameux Predicateur Jacobin attendoit pour commencer son sermon, que le Roy fût placé, ce Moine remarqua que M. le Prince de Condé & quelques autres jeunes Seigneurs s'êtoient assis sur l'autel d'une chapelle qui êtoit vis à vis la chaire.   La situation du Prince & de ces jeunes gens lui depleut & lui parut indecente; & abandonnant le discours qu'il avoit medité il prit pour texte de son sermon la fin du Pseaume : *Misere* ; *Tunc imponent super altare tuum Vitulos :* On mettra alors des Veaus sur ton autel.

IL commença une fois , qu'il prêchoit devant la Cour, par ces mots : Foin du Roy , foin de la Reine, foin du Dauphin , foin des Princes, foin de toute la Cour, foin de vous, mes chers auditeurs , foin de moy : *Omnis caro fenum :* Tout homme , toute chair est foin, toute chair est comme l'herbe & comme la fleur de l'herbe : *Omnis caro fenum.*

Les

Les Carmes de la Place Maubert, dont les Andouilles font en ſi grande reputation, prierent un jour le Petit Pere André de prêcher dans leur egliſe pour exciter les peuples à contribuër par des aumônes extraordinaires à la reparation de leur couvent, où la foudre avoit depuis quelques jours fait du dommage. Après avoir exageré le fâcheux êtat de cette maiſon, il dit que dans un ſi grand malheur Dieu avoit donné à ces bons Peres une preuve bien fenſible de ſa protection, & qu'on ne pouvoit en cela meconnoître ſa main paternelle qui avoit adreſſé le coup juſtement ſur la Bibliotheque, lieu abſolument defert, où il ne pouvoit endommager que quelques volumes à moitié mangez des rats & des vers. Mais, dit il, Mes Freres, quel ravage auroit cauſé la foudre & quelle affreuſe peinture aurions nous aujourd'hui à vous faire ſi elle fût tombée ſur la Cuiſine?

CONTREVERITEZ.

Voulant êtablir la neceſſité de la Charité, il prit pour ſon texte ces paroles de St. Paul. au Chap. XIII. de la 1. aux. Cor. *Si habuero fidem ita ut montes transferam, ſi tradidero corpus meum ita ut ardeam, charitatem autem non habuero nihil ſum &c.*   Et

Et au lieu de traduire: Quand j'aurois le don de prophetie, quand je parlerois le langage de tous les hommes & des anges mêmes, quand j'aurois une foy capable de transporter les montagnes, quand j'aurois livré mon corps pour être brûle, si je n'ai la charité. &c Oui, dit il, Mes Freres, quand je serois savant comme un Capucin, Modeste comme un Cordelier, Chaste comme un Carme, Humble comme un Jesuite, Mortifié comme un Pere de l'Oratoire; Si je n'ay la Charité je je ne suis rien.

ERasme qui en Vouloit terriblement au Froc, commentant cet endroit de l'Ecriture où il est dit: *Non est malitia super malitiam Mulieris:* Il n'y a point de malice au dessus de celle de la Femme; Il met en note à la marge: *Nota quod non dum erant Fratres:* Remarquez que dans ce tems là il n'y avoit point encore de Moines.

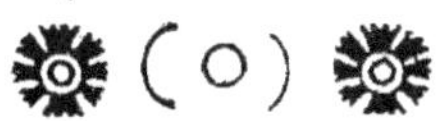

A Nave rotta ogni vento è contrario.

B

PRO-

PROPORTION ARITH-METIQUE DANS LA PENITENCE.

D'Un jeune Gars de Frayeur tout pantois,
Frere Remi confessoit le peché,
Pere, dit il, j'ay forniqué six fois.
Six fois! oh, oh, quel garçon debauché,
Ensuite ayant son tarif epluché,
Pour un Rosaire absous il le quitta.
Vint un second qui de neuf se vanta.
Sa taxe fut de Rosaire & demi.
Mais le dernier troubla Frere Remi;
Car onze fois il avoit fait le cas.
Onze! par-bieu, mon compte n'y vient pas,
Ce nombre n'est dans mes Capitulaires.
Lors le Frater calculant par ses doits,
Mor-bieu! dit il, voila bien des mysteres,
Allez le faire encore une autre fois,
Et pour le tout vous direz deux Rosaires.

Meretrix corpore corpus alit.

Aux

AUx pieds d'un vieil Hermite, un jeune ado-
          lefcent
Le carême pafsé dit en fe confeffant,
Que par un accident finiftre
Il avoit trois fois en fecret.
Dont il avoit bien du regret,
Baifé la femme d'un Miniftre.
Alors le bon Hermite, homme plein de favoir,
Dit, baifer une femme eft un peché bien noir
Quand c'eft celle d'un Catholique;
Lors qu'on s'en dit coupable, à l' inftant je
          fremy;
Mais pour celle d'un Heretique,
Bon cela; c'eft autant de pris fur l'ennemi.

Un homme, qui avoit perdu fa femme
qui êtoit fort mêchante , difoit qu'il êtoit de-
livré d'un grand mal de côté.

        B 2   AMOUR

Amour de la vie.

UN moine faifant à un Italien ce qu'on appelle la Recommendation de l'ame, difoit avec beaucoup de zele : *Proficifcere anima Chriftiana, proficifcere* : Sortez promtement, Ame Chrêtienne, Sortez. Le pauvre malade qui n'avoit pas hâte difoit: *Pian piano anima mia, pian piano.*

Difficulté d'un Teftament clair.

UN homme ayant expliqué fa derniere volonté à un Notaire lui dit de dreffer fon Teftament d'une maniere fi precife & dans des termes fi clairs qu'il ne peût furvenir après fa mort aucune conteftation entre fes Heritiers. Monfieur, luy dit le Notaire, je ne faurois vous le promettre & je me connois trop peu habile pour cela. Jefus Chrift qui êtoit la Sageffe même n'en a fait qu'un que l'on contefte depuis près de deux mille ans, & qui donne tous les jours occafion à de nouveaux procès.

**** *** ****

Jupiter e Cælo perjuria ridet amantum.

De

Trois Choses qu'il faut eprouver.

DE tant de differens melons,
  Qu'en bien de lieux on voit en abondance,
La plus grand' part font plus mauvais que bons,
Quoi qu'ils foient presque tous d'affez belle appa_.
      rence;
      En leur rang doivent être mis
      Et les Femmes & les Amis;
      Rien n'êtant de plus difficile;
Que d'en pouvoir de valables trouver,
      A moins que de les eprouver.

Si bene commemini caufæ funt quinque
      bibendi:
Hofpitis adventus ; præfens fitis ; atque
      futura;
Et vini bonitas; & qualibet altera caufa.

                    B 3   Ron-

Rondeau fur le Vendredi faint,
par C. Marot.

Dueil ou plaifir me faut avoir fans ceffe :
   Dueil quand je voy (ce jour plein de rudeffe)
Mon Redempteur pour moy en la croix pendre,
Ou tout plaifir quand pour fon fang efpandre
Je me voy hors de l'infernale preffe.
Je riray donc : non, je prendray trifteffe :
Trifteffe? ouy, dy je toute lieffe :
Brief, je ne fai bonnement le quel prendre,
     Dueil, ou plaifir.
Tous deux font bons, felon que Dieu nous dreffe :
Ainfi la mort qui le fauveur oppreffe,
Fait fur nos cueurs dueil & plaifir defcendre :
Mais noftre mort, qui enfin nous fait cendre,
Tant feulement l'un ou l'autre nous laiffe,
     Dueil, ou plaifir.

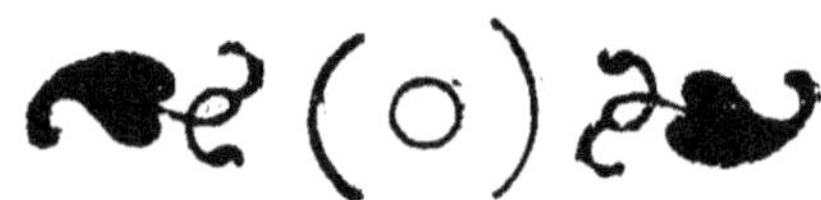

Tam crudelitas eft omnibus parcere
quam nulli.

Se mêler de ce qui convient à son état.

COmme Henry IV. eut jetté les yeux sur un livre que son Tailleur lui presentoit, où il proposoit des Reglemens pour l'Etat & le Gouvernement ; Qu'on fasse venir, dit il, mon Chancelier pour me prendre la mesure d'un habit puisque mon Tailleur veut bien prendre le soin de faire des Reglemens pour l'Etat:

L'Ambassadeur d'Espagne voulant engager Alexandre VIII. à se declarer contre la France & entrer dans la grande Alliance, lui representoit que le Roy de France ne pourroit plus resister à ses ennemis & que son païs êtant ruiné il ne pouvoit plus entretenir ses armées.   Cela pourroit bien être, lui dit le Pape ; Car je remarque que depuis long tems il ne nourrit ses Troupes que sur les terres & aux depens de ses Voisins.

Medicus consolatio ægri.

On ne trouve pas toûjours des Gruës.

ON demandoit à un Moine pour quoi ils n'achevoient pas d'elever leur Bâtiment qui êtoit dêja fort avancé. Il rêpondit d'une maniere adroite & fort naturelle : C'eſt qu'il nous manque de Gruës.

La Fille Forcée.

DAns une Officialité
Ces jours paſſez une Soubrette
Paſſablement belle & bien faite,
Et d'une robuſte ſanté ;
Avec la Bienſeance ayant fait plein divorce
Dit qu'un vieux Medecin l'avoit priſe par fotce.
Qu'il faloit ou le pendre, ou qu'il ſût ſon mari :
Et comment dit le Juge, a-t-il pû vous y prendre ?
Vous êtes vigoureuſe, il faloit vous deffendre ;
L'avoir egratigné, deviſagé, meurtri.
J'ay, Monſieur. lui rêpondit elle,
De la force quand je querelle ;
Mais je n'en ay point quand je ris.

✻ ✻ ✻

Alterius non ſit qui ſuus eſſe poteſt.

Un

UN Seigneur François qui aimoit une Princesse, parente d'Henry IV. alors Roy de Navarre, ecrivit ces deux vers sur le lit de cette Dame.

Nul heur, nul bien ne me contente,
Absent de ma Divinité.

HEnri IV. ajouta ces deux autres:

N'appellez pas ainsi ma Tante,
Elle aime trop l'Humanité.

QUelques heures après la mort d'une Dame, son mari ordonna à ses domestiques d'aller la coudre dans un linceul. On vint luy dire, que sa femme êtoit encor chaude. Allez allez leur, dit il, faites ce que je vous ay dit; elle est assez morte.

✳ ✳ ✳

Les Italiens disent d'un homme qui parle êtourdiment & sans reflexion: *Parla prima e pensa poi.*

D'Adam nous ſommes tous enfans,
La preuve en eſt connuë,
Et que tous, nos premiers parens
Ont mené la Charruë;
Mais las de travailler enfin
La terre labourée,
L'un a detelé le Matin,
L'autre l'Après-dinée.

Preſent pour un Chimiſte.

TOus les Princes & les Grands ne ſont pas auſſi Sages que le fut Leon X. qui envoya pour tout preſent une grande bourſe Vuide à un Chimiſte qui luy avoit dedié un livre, où il pretendoit enſeigner le moyen de faire de l'or; & lui fit dire qu'ayant un pareil ſecret il ne lui manquoit que de bourſes.

Un Jouëur malheureux diſoit: *O Fortuna traditrice! Tu mi poi ben far perdere; mà pagar nò.*

Fanfaronade du Cam des Tartares.

SI la Relation de Thomas Herbert eſt fidelle, on doit avouër que les Gaſcons les plus outrez , les Eſpagnols même & les Portugais ne ſont que des ecoliers auprès des Tartares en fait de bravades & de fanfaronades. Il rapporte que lorsque le Grand Cam de Tartarie a diné , un heraut publie à haute voix qu'alors tous les Monarques & Princes de la terre peuvent aller diner.

Contract de Mariage de la Republique de Veniſe avec le Golfe Adriatique.

JUles Second croyant beaucoup embaraſſer Jean Donati , Ambaſſadeur de Veniſe & le tourner en ridicule, luy demanda où étoit le contract de Mariage de ſa Republique avec le Golfe Adriatique. Mais l'Ambaſſadeur lui repondit qu'il étoit ſurpris que ſa Sainteté n'euſt point encore veu ce Contract qui étoit couché en bonne forme au dos de la Donation de l'Empire d'Occident que Conſtantin a faite au Pape Sylveſtre.

A la

A la Louänge de Moliere.

ORnement du Theatre, incomparable acteur,
  Charmant Poëte, illuftre Auteur,
C'eft toi dont les plaifanteries
Ont gueri des Marquis l'efprit extravagant.
Ta mufe en jouänt l'Hypocrite,
A redreffé les faux Devots.
La Precieufe à tes bons mots
A reconnu fon faux merite.
L'Homme ennemi du genre humain,
Le Campagnard qui tout admire,
N'ont pas leu tes ecrits en vain;
Ils s'y font tous inftruits en ne penfant qu'à rire.
Enfin tu reformas & la Ville & la Cour.
Mais quelle en fut la récompenfe?
Les François rougiront un jour
De leur peu de reconnoiffance.
Il leur falut un Comedien,
Qui mit à les polir fon art & fon êtude;
Mais, Moliere, à ta gloire il ne manqueroit rien,
Si parmi leurs defauts que tu peignis fi bien,
Tu les avois repris de leur ingratitude.

*_**   *_**   *_**

Non bene pro toto libertas venditur auro.

La

La Profession des Comediens.

CHez les Grecs la Profession des Comediens êtoit en quelque estime, chez les Romains elle êtoit infame; Et aujourd'huy on les estime comme faisoient les Romains & on vit avec eux comme les Grecs.

Fous de Venise & Fous de Florence.

LE Grand Duc de Toscane se plaignoit à un Ambassadeur de Venise d'un certain Venitien que la Republique lui avoit envoyé pour traiter quelques affaires & qui s'êtoit fort mal conduit. Vôtre Altesse, luy dit l'Ambassadeur, ne doit pas s'en êtonner, car nous avons beaucoup de fous à Venise. Monsieur l'Ambassadeur, lui dit le Grand Duc, nous avons aussi nos fous à Florence; Mais ce n'est pas eux que nous envoyons chez les Princes êtrangers pour menager les affaires publiques.

L'Argent est un bon serviteur, mais un méchant Maître.

Philo-

Philosophes & Medecins en méme Categorie.

QUi voudra s'attacher s'attache
Aux Philosophes vieux , encor plus aux nouveaux,
Pour moy je les tiens tous egaux ,
Et leur dirois à leur mouftache,
Que ce font des reveurs, ou bien plûtôt des fous,
Qui femblent ne vouloir que fe moquer de nous :
Têmoin en foit Defcartes même,
Qui parmi fes amis traitoit tout franchement
De chimere fon beau Syfteme ,
Et qualifioit de Romant
Sa nouvelle Philofophie.
Et l'on pretent après cela
Aveuglément que je me fie
Aux Vifions de ces gens là ?
Eft il quelcun qui me rêponde
Que les hommes foient veus plus fages & plus fains,
Depuis que font venus au monde
Philofophes & Medecins ?
Ceux-cy jadis, comme peftes publiques,
Furent bannis des Republiques,

Et

Et les autres devroient, ne nous servant de rien,
En être aussi chassez, si chacun faisoit bien.
Mais à son dam tout le monde s'entête,
        Bien souvent sans savoir de quoi,
Et l'homme qui d'ailleurs fait tant du quant-à-moy,
Se laisse sotement mener comme une bête.

La Felicité suivant la Belle Alison.

PLaton, Aristote, Heraclite,
  Zenon, Socrate, & Democrite,
Bien que doctes à tout prouver
Par le moyen de leur étude,
Jamais pourtant n'ont pû trouver
En quoi gît la Beatitude.
        Mais la belle & docte Alison
Bien plus subtile en sa science,
Se moquant d'eux avec raison,
Se fonde sur l'experience,
Et dit que le souverain bien
Ne se trouve qu'à froter bien.

※ (o) ※

*Induitur, formosa est; exuitur, ipsa
forma est.*

Le

Le Fils de plusieurs peres.

COrſelle d'un ſeul fils fut mere,
Qui mort, êtant mis au cercueil,
Toute la Cour en fut en dueil;
Car chacun s'en penſoit le pere.

Venger le Saint Pere.

J'Enrage de lever la cotte
De quelque jolie Huguenotte,
Et de faire un timbre plaiſant
A quelque hugenot ſuffiſant.
Ce n'eſt pas que j'aime le vice,
Ni pour pratiquer l'exercice,
Que le Sale Aretin dêcrit.
Tout ce qui me le fera faire,
N'eſt que pour venger le Saint Pere,
Qu'ils out appellé l'Antechriſt.

La Fama è viva a i vivi, & morta a i morti.

Le Pourceau de Martin.

MArtin menoit son pourceau au marché
Avec Alix, qui en la plaine grande
Pria Martin lui faire le peché
De l'un sus l'autre : & Martin lui demande :
Mais qui tiendroit nôtre pourceau, friande ?
Qui ? dit Alix, bon remede il y a ;
Lors le pourceau à sa jambe lia,
Puis Martin juche, & lourdement engaine,
Le Porc eut peur, & Alix S'ecria,
Serre, Martin, que le pourceau m'entraine.

Le Beau Tetin.

TEtin refait plus blanc qu'un œuf,
Tetin de satin blanc tout neuf
Tetin plus beau que nulle chose,
Tetin qui fait honte à la rose,
Tetin dur, non pas tetin, voire,
Mais petite boule d'yvoire,
Au milieu duquel est assise
Une fraise, ou une cerise,
Que nul ne voit, ne touche aussi,
Mais je gage qu'il est ainsi :

C

Tetin

Tetin donc au petit bout rouge,
Tetin qui jamais ne se bouge,
Soit pour venir, soit pour aller,
Soit pour courir, soit pour Baller :
Tetin gauche tetin mignon,
Toûjours loin de son compagnon,
Tetin qui portes têmoignage
Du demeurant du personnage
Quand on te voit il vient à maints
Une envie dedans les mains
De te taster, de te tenir :
Mais il se faut bien contenir
D'en approcher, bon gré ma vie,
Car il viendroit une autre envie.
O Tetin ne grand, ne petit,
Tetin mur, tetin d'apetit,
Tetin qui nuit & jour criez :
Mariez moy tost mariez,
Tetin qui tenfles, & repousses
Ton gorgias de deux bons pouces,
A bon droit heureux on dira
Celui qui de laict t'emplira,
Faisant d'un tetin de pucelle
Tetin de femme entiere & belle.

Paye-

Payement des Moines de S. François par Marot.

MEs beaux peres Religieux,
Vous dinez pour un grammercy?
O gens heureux! O demi Dieux!
Pleût à Dieu que je fuſſe ainſi :
Comme vous vivrois ſans ſoucy :
Car le Voeu, qui l'argent vous ôte,
Il eſt clair qu'il deffent auſſi,
Que ne payez jamais vôtre hôte.

Epitaphe d'Henri II. Duc de Montmo- renci decapité à Toulouſe le 30. Octobre 1632.

MArs eſt mort, il n'eſt plus que poudre,
Et ce grand Phœnix des guerriers,
Sous une foreſt de Lauriers,
N'a peu ſe garantir du foudre.
Sa tête vient d'être coupée :
Au regret de tout l'univers,
Il ne vit plus que dans mes vers,
Et dans ce qu'à fait ſon epée.

Toy qui lis, & qui ne ſais pas
De quelle façon le trepas
Attaqua cette ame guerriere:
Ces deux vers t'en rendront ſçavant:
La Parque le prit par derriere,
N'oſant l'attaquer par devant.

CEtte double Epitaphe du bon Frere André,
en ſon vivant grand brimballeur & grand
pêcheur d'Anguilles, a quelque choſe d'aſſez
naturel.

Rident Anguillæ, quia mortuus eſt Frater Andreas,
    Qui capiebat eas.

Et flent Ancillæ, quia mortuus eſt Frater Andreas,
    Qui futuabat eas.

ON marquoit aſſez bien par cette epitaphe la
petiteſſe d'eſprit de Louis XIII. qui s'étoit
toûjours laiſſé maîtriſer par le Cardinal de Richelieu :

    Cy gît le Roy, nôtre bon Maître
    Qui fut vingt ans valet d'un Prêtre.

Epita-

Epitaphe de Maître François Rabelais.

PLuton, Prince du noir Empire,
  Où les tiens ne rient jamais,
Reçois aujourd'huy Rabelais,
Et vous aurez tous de quoy rire.

CElle d'un homme d'une prodigieuse Be-
  daine. *Hic jacet vir amplissimus.*

Le fameux Reignier fit lui même son Epitaphe.

J'ay vecu sans nul pensement,
Me laissant aller doucement
A la bonne Loy naturelle ;
Et je m'êtonne fort pourquoy
La Mort daigna songer à moy,
Qui ne pensai jamais à Elle.

CElle que se fit par avance La Fontaine, comme il convenoit avec Reignier en bien de choses, semble aussi du même caractere.

J'ean s'en alla comme il êtoit venu,
Mangeant son fond après son revenu,
Croyant le bien chose peu necessaire.
Quand à son tems, bien le seut dispenser,
Deux parts en fit, dont il souloit passer,
L'une à Dormir, & l'autre à ne rien faire.

Epitaphe de Malherbe, par Gombaud.

L'Appollon de nos jours, Malherbe icy re-
pose ;
Il a vecu long tems sans beaucoup de support ;
En quel siecle passant ! Je n'en dis autre chose,
Il est mort pauvre, & moy je vis comme il est
mort.

Quod non opus est asse carum est.

Lucain

LUcain fit la fuivante pour Pompée qui fut privé des honneurs de la fepulture.

Indignum tellus fuerat tibi victa fepul-
crum :
Non decuit cœlo te nifi, Magne, tegi.

EPitaphe de M. de Marca, qui mourut le mê-me jour qu'Henry IV. l'avoit nommé à l'Archeveché de Paris.

Cy gît l'illuſtre de Marca,
Que le plus grand des Rois marqua
Pour le Prelat de ſon Eglife :
Mais la mort qui le remarqua,
Et qui ſe plaît à la furprife,
Incontinent le demarqua.

Otium fine litteris mors eſt, & vivi
hominis fepultura.

POur M. de la Riviere Evêque de Langres, fort mêchant homme & de basse naissance, pour l'epitaphe duquel cependant ses parens avoient promis cent ecus.

> Cy gît un tres grand Personnage,
> Qui fut d'un illustre lignage,
> Qui posseda mille vertus,
> Qui ne trompa jamais, qui fut toûjours fort
> sage.
> Je n'en dirai pas davantage,
> C'est trop mentir pour cent ecus.

CY gît un vray gaule-bon-tems
Qui a pris tous les passetems
De la gueule & de la brayette,
Des jeux de carte & de renette.
Or il est mort tout justement,
Car s'il eût vecu seulement,
Jusqu'au soir ou au lendemain,
Aussi bien fût il mort de faim.
Si les pauvres vont droit aux cieux,
Je pense qu'il est bien heureux ;
Car il êtoit leger d'argent.
Priez Dieu pour son sauvement.

Cy

CY gît à son Amant une Amante fidele,
Vray Phenix, merveille en ce point.
Et lui de son côté ne s'en consola point,
Autre Phenix aussi bien qu'elle.

SI les Cocus, Dieu ait leur ame,
En l'autre monde ont quelque rang,
Cy gît, grammercy à sa femme,
Celui qui sied au bout du Banc.

CY gît la Putain sans seconde,
Qu'Amour sacra sur ses autels,
Laquelle partit de ce monde
Pour trouver des Zets immortels.

JE suis mort d'amour entrepris
Entre les jambes d'une Dame,
Bien heureux d'avoir rendu l'ame
Au même lieu où je l'ay pris.

ICy gira, s'il n'eſt pendu,
Ou ſi en la mer il ne tombe,
Monſieur qui a dreſſé ſa tombe,
Avant qu'être mort êtendu.

CY gît qui ſe plût tant à prendre,
Et qui l'avoit ſi bien appris,
Qu'il aima mieux mourir que rendre
Un lavement qu'il avoit pris.

Perte irreparable.

CY gît, & chacun s'en êtonne,
Une femme qui fut fort bonne;
On fit pour la ſauver cent efforts ſuperflus:
Son epoux a raiſon d'en être inconſolable;
Cette perte eſt irreparable,
A preſent on n'en trouve plus.

Poſt triduum Mulier faſtidit, & Hoſ-
pes & Imber.

Cy,

CY gist, repose, & dort leans
Le feu Evesque d'Orleans;
J'entens l'Evesque en son surnom,
Et frere Jean en propre nom :
Qui mourut l'an mil cinq cent vingt
De la Verole qui luy vint.
Or afin que Sainctes & Anges
Ne prennent ces boutons estranges,
Prions Dieu qu'au Frere Frappart
Il donne quelque chambre à part.

Epitaphe d'Alexandre.

SUfficit huic tumulus, cui non suffe-
cerat orbis,
Res brevis huic ampla est, cui fuit ampla brevis.

Ciceron disoit d'un homme qui avoit
enterré son pere dans un champ, & faisoit
labourer par dessus : *Hoc est verè patrem co-
lere.*

Du

Du Grand Erasme.

HIc jacet Erasmus, qui quondam
bonus erat mus,
Rodere qui solitus roditur a vermi-
bus.

De Laurent Valle, insigne medisant.

OHe, ut Valla silet, solitus qui par-
cere nulli est :
Si quæris quid agat, nunc quoque mor-
det humum.

HEus viator hic vir & uxor non li-
tigant.
Quæres qui sim, non dicam,
Ah ehodum ipsa dico, hic Belbius
Ebrius me Bebriam Ebriam nuncupat :
Ohe conjux etiam defuncta garris!

D'Une

D'Une vieille-peteuse.

UNo animam crepitu Lava pepedit
anus.

D'Un qui mourut de la Caque-
fangue.

PUrpuream cacavit ille animam.

ESt natura mori cunctorum sicut
oriri.
Falce retro juvenes, mors ferit ante
senes.

OMnia transibunt: nos ibimus, ibitis,
ibunt.
Ignari, gnari, conditione pari.

Con.

Conseil de Frere Jean à sa Penitente.

UNe vieille un jour confessoit
　　Ses offenses à Frere Jean;
Et cette vieille ne cessoit
De vessir de peine & d'anhan.
Le pauvre Frere disoit bran,
Vertu sanbieu voici merveille.
Lors, ce lui dit la bonne vieille,
Conseillez moi mon Pere en Dieu.
Parbleu, dit il, je vous conseille
D'aller vessir en autre lieu.

L'Etre Etendu.

L'Etre étendu n'est point une chimere,
　　Aucuns reveurs l'ont dit de son Confrere,
L'Etre pensant, dont je fais pourtant cas;
He! le moyen de ne l'estimer pas
Quand on connoît ce qu'en vous il sait faire.
Entre les deux le voisinage opere,
Ils sont souvent de sentiment contraire;
Et qui des deux l'emporte en ces debats?
　　　　L'Etre étendu.

Maître

Maître René * lui que tant on revere,
Qui tant pensa, maître René fut pere.
La Hollandoise avec ses gros appas
Fut maintefois reçuë entre ses bras,
Lors il disoit qu'il nous est necessaire,
      L'Etre etendu.

   * *Descartes.*

Le Cheval de Bronze.

SUperbes monumens, que vôtre vanité
Est inutile pour la gloire
Des grands heros, dont la memoire
Merite l'immortalité !
Que sert il que Paris au bord de son Canal,
Expose de nos Rois ce grand original,
Qui sçut si bien regner, qui sçut si bien combattre?
On ne parle point d'Henry quatre.
On ne parle que du Cheval.

L'Universale non s'inganna.

Paye-

Payement des Poëtes.

SI pour tant de plaisir divers
De peine & de solicitude,
Je ne vous donne que des vers,
Ne m'accusez d'ingratitude;
Les Dieux de qui vous imitez
Toutes vos belles qualitez,
Si rares au tems où nous sommes;
Quoy qu'en mille & mille façons
Ils veillent pour le bien des hommes,
Ils n'en sont payez qu'en chanson.

Le Gueux revêtu.

DE ce lieu Philemon partit à demi nud :
Bien suivi, bien couvert le voila revenu:
Je ne le connus point dans cette pompe extreme.
Eh! qui ne l'auroit meconnu?
Il se meconnoît bien lui même.

Nemo omnes, neminem omnes, fefellerunt.

Repouse

Reponſe juſte d'Agatocles.

AGatocles, Roy de Sicile, qui êtoit fils d'un pottier, aſſiegeant une certaine ville, les habitans eurent l'inſolence de lui crier de deſſus les murailles : Pottier, où prendras tu de l'argent pour payer tes Soldats? Dans vôtre ville, leur rêpondit il.   Comme il fit peu de jours après.

D'un Mediſant.

ON dit que c'eſt un chien, qui mord même les
        ſiens ;
Mais je trouve qu'il eſt d'une humeur bien contraire ;
Car à coups de bâton on fait crier les chiens,
Mais à coups de bâton ſouvent on l'a fait taire.

Exige dum dolet, poſt curam Medicus olet.

D   *Altri*

Altri tempi altre cure.

UN Romain qui avoit êté depouillé par les ennemis fut si outré de se voir en cet êtat qu'êtant resolu de se faire tuër ou de se dedommager de sa perte, s'exposa à de grands perils & attaqua les ennemis avec tant de resolution qu'il remporta sur eux de grands avantages & s'enrichit extraordinairement du butin qu'il fit sur eux.   Le general Lucullus ayant conceu pour lui une haute estime, lui proposa peu de tems après une enteprise des plus perilleuse. Mais nôtre Soldat devenu riche rêpondit qu'il n'êtoit plus propre à une pareille expedition. Employez y, dit il à Lucullus, quelque miserable Soldat devalisé.

Licet ipsa sit vitium Ambitio, multorum tamen est causa virtutum.

Rondeau de C. Marot sur des Nonains.

HOrs du Convent l'autr'hier sur la Coudrette
Je rencontray mainte Nonne proprette,
Suyvant l'Abbesse en grand' devotion :
Si cours après, & par affection
Vins aborder la plus jeune & tendrette.
　　　Je l'arraisonne, elle plaint & regrette ?
Dont je congneus, certes, que la poyrette
Eust bien voulu autre vacation.
　　　Hors du Convent.
　　　Toutes avoient sous vesture secrette
Un tainct vermeil, une mine saffrette
Sans point avoir d'amour fruïtion.
Hà, dy je lors, quelle perdition
Se fait icy, de ce dont j'ay souffrette
　　　Hors du Convent.

Quatriduanus est iam fœtet.

Epigramme de C. Marot ſur la Ville de Lyon.

ON dira ce que l'on voudra
Du Lyon, & ſa cruauté :
Tousjours, ou le ſens me faudra,
J'eſtimeray ſa privauté :
J'ay trouvé plus d'honneſteté,
Et de nobleſſe en ce Lyon,
Que n'ay pour avoir frequenté
D'autres beſtes un million.

L'Evêque faiſant ſa Viſite.

EN faiſant ſa viſite , un Evêque aſſuré
De l'ignorance d'un Curé,
Lui demanda d'un ton de Maître ?
Quel Ane de Prelat vous a pû faire Prêtre ?
L'autre d'un ton humble & civil,
C'eſt vous, Monſeigneur, lui dit il.

Mitto tibi Navem prorâ pupique caren-
tem.

Lettre

Lettre de change de Gascogne.

UN Gascon disoit qu'on feroit plûtôt faire un pet au Cheval de Bronze que de tirer une lettre de Change de son Païs.

Reponse de la Reine d'Espagne.

LOuis IV. ayant conclu le Mariage de Mademoiselle, fille du Duc D'Orleans avec Philippe IV. Roy d'Espagne, vous voyez, lui dit il, ma Niece, que quand vous seriez ma propre fille, je ne pourrois rien faire de plus pour vous. Cette Princesse qui n'êtoit pas fort satisfaite de ce mariage & qui s'étoit peut estre flatée que le Roy la marieroit avec M. le Dauphin, son cousin, pour qui elle avoit de l'inclination, rêpondit au Roy en le remerciant il est vray, Monsieur que vous ne pourriez faire davantage pour vôtre propre Fille, mais pour vôtre Niece vous pouvez faire plus si vous voulez.

Chi offende non perdona mai.

D 3   Les

LEs Princes de Condé & de Conti ayant été conduits prifonniers au Chateau de Vincennes d'où M. de Beaufort avoit trouvé le moyen de fe fauver peu de tems auparavant; le Prince de Conti dit à un gentil homme qui les êtoit allé vifiter: Quand vous reviendrez nous voir, je vous prie, Monfieur, de m'aporter l'Imitation de Jefus-Chrift: Et à moy, dit le Prince de Condé, l'Imitation de Monfieur de Beaufort.

ON difoit à un chanoine que ne recitant pas regulierement fon Breviare il êtoit obligé de s'en confeffer. Oh bien, repondit il, j'ay plûtôt dit que je ne le dis point que de m'amufer à le dire.

Quo femel eft imbuta recens fervabit odorem tefta diù.

M. L'Eve-

M. L'Evêque du Bellai qui avoit bien étudié les Moines difoit que ces bonnes gens reffembloient affez bien à dés Cruches qui fe baiffent pour s'emplir.

S Brigatevi presto, difoit Alexandre VIII. à fes Neveux, *perche fon fonate le vinti tre hore: bifogna ben impiegar l'ultima.*

Eloge du Recueil des Poëfies de Maître Adam, Menuifier de Nevers, par Saint Amant.

ON dira par tout l'Univers
Voyant les beaux Ecrits que Maître Adam nous offre,
Qu'il eft propre à faire des vers
Comme il eft propre à faire un Coffre.

Proprium humani generis eft odiffe quem Læferis.

UN gros Prieur son petit fils baisoit,
Et mignardoit au matin en sa couche :
Tandis rostir sa perdrix on faisoit :
Se leve, crache, esmutit & se mouche :
La perdrix vire : au sel de broque en bouche.
La devora, bien savoit la science :
Puis quand il eut mis sur sa conscience
Broc de vin blanc du meilleur qu'on eslise.
Mon Dieu, dit il, donne moy patience,
Qu'on a de maux pour servir sainte Eglise.

Epigramme de C. Marot à Rabelais.

S'On nous laissoit nos jours en paix user,
Du temps present à plaisir disposer,
Et librement vivre comme il faut vivre
Palais & Cours ne nous faudroit plus suivre,
Plaids ne procès, ne les riches maisons
Avec leur gloire & enfumez blasons :
Mais sous belle ombre en chambre & gale-
ries
Nous pourmenans, livres, & railleries,
Dames, & bains seroient les passetemps,
Lieux & labeurs de nos esprits contens.

Las

Las maintenant à nous point ne vivons,
Et le bon temps perir pour nous sçavons,
Et s'envoler sans remedes quelconques,
Puis qu'on le sçait, que ne vit-on bien don-
ques.

Scarron à une Plaideuse.

GRand nez digne d'un Camouflet,
Belle au poil de couleur d'orange,
Machoire à recevoir soufflet
Portrait de quelque mauvais ange,
Face large d'un pied de Roy,
Gros yeux à la prunelle grise,
Tu veux donc plaider contre moy
Jusques à manger ta chemise?
Ha! si tu gardes ton serment,
Soit que je gagne ou que je perde;
Que j'auray de contentement,
De te voir manger de la merde.

Fortunatorum omnes sunt cognati.

D 5   Dame

DAme Astarot, je te hay tant.
Et d'une haine enracinée,
Qu'encor que je sois mal content
De ma chienne de destinée,
Je voudrois bien vivre cent ans,
Afin de te haïr long temps.

SEroit il vray, bouche de rose,
Ce que m'a dit un impudent,
Que vous vous passez moins de chose
Qu'un Espagnol d'un curedent.

Le Jeu d'Amour.

DEux Dames près d'une riviere
Parloient d'amour & de son jeu.
Il est bon, ce dit la premiere,
Mais le plaisir dure trop peu,
Et puis l'action ordinaire
Est si sale après la façon.
Ma foy, répondit la derniere,
Court & vilain, mais il est bon.

(o)

Longè a Parentibus cent lieuës.

Chan-

Chanson à Manger.

QUand j'ay bien faim, & que je mange,
Et que j'ay bien de quoy choisir,
Je ressens autant de plaisir,
Qu'en grattant ce qui me demange.
Cher ami, tu m'y fais songer,
Chacun fait des Chansons à Boire,
Et moy qui n'ay plus rien de bon que la ma-
choire
Je n'en veux faire qu'à manger.
Quand on se gorge d'un potage,
Succulent comme un Consommé,
Si nôtre corps en est charmé,
Môtre ame l'est bien d'avantage,
Aussi Satan le faux glouton,
Pour trompet la femme premiere
N'alla pas lui montrer du vin ou de la biere.
Mais de quoy branler le menton.
        Quatre fois l'homme de courage
En un jour peut manger son saoul,
Le trop boire peut faire un fou
De la personne la plus sage:
A-t-on vuidé mille tonneaux,
On n'a beu que la même chose;

Au

Au lieu qu'en un repas on peut doubler la doze
De mille differens morceaux
　　　　Quel plaifir lors qu'avec furie,
Après la bisque & le rôti,
Un entremets bien afforti
Vient reveiller la mangerie.
Quand on devore un bon melon
Trouve-t-on liqueur qui le vaille?
O cher Ami Potel, je fuis pour la mangeaille,
Il n'eft rien tel qu'être glouton.

Defcription de Paris, par Scarron.

UN amas confus de maifon,
Des crottes dans toutes les ruës,
Ponts, Eglifes, Palais, Prifons,
Boutiques bien ou mal pourveuës.
　　　Force gens noirs, blancs, roux, grifons,
Des Prudes, des filles perduës,
Des meurtres & des trahifons,
Des gens de plume aux mains crochuës.
　　　Maint poudré qui n'a point d'argent,
Maint homme qui craint le Sergent,
Maint Fanfaron qui toûjours tremble.
　　　Pages, Laquais, Voleurs de nuit,

Caroſſes, chevaux, & grand bruit;
C'eſt là Paris; que vous en ſemble?

Pinceau pour un beau coloris.

S'êtonne-t-on de voir ſur le teint de Philis,
  Depuis qu'elle eſt ſoûmiſe au joug du Mariage,
L'incarnat de la roſe & la blancheur du lis
Dans un continuel & pompeux êtalage?
Ne ſait on pas encor que ce beau coloris,
Qui ſuccede aux pâleurs, que dans les filles ſages
On voit ſouvent ternir l'eclat de leurs viſages,
Eſt l'admirable effet du Pinceau des Maris?

Militis in galea nidum fecere columbæ.
Apparet Marti quàm ſit amica Ve-
nus.

Le Comte & l'Abbé.

Certain Comte & certain Abbé,
Mais Comte, mais Abbé de pure fantaisie
Pour ceux qui vouloient bien par simple cour-
toisie
En Venir sur ce point avec eux à jubé
    Se trouvant tous deux d'une bande
Où ce n'étoit qu'Abbé par cy, qu'Abbé par là;
Le Comte soy disant ennuyé de cela,
A l'Abbé pretendu s'addresse, & lui demande
    Sans beaucoup de façons:
Monsieur l'Abbé, car nous nous connoissons,
    De grace tirez moy de peine,
    Et me faites un peu savoir
En quelle place c'est, ou Voisine ou lointaine,
    Que vôtre Abbaye on peut voir?
    Ma surprise n'est pas peu grande,
Rêpond l'Abbé, quand il l'eut ecouté
De vous ouïr, Monsieur, faire cette demande,
Puisque mon Abbaye est dans vôtre Comté.

Turpe est quod nequeas, capiti com-
mittere pondus.

                            Qui

Qui doit estre le Maître.

EPoux voulez vous faire une bonne maison?
Sur le commandement point de delicatesse,
 Point de maître ni de maîtresse,
 Que le bon sens & la Raison.

Dangers du Jeu.

LEs plaisirs sont Amers. si tôt qu'on en abuse,
 Il est bon de jouër un peu;
Mais il faut seulement que le jeu nous amuse.
 Un jouëur d'un commun aveu
 N'a rien d'humain que l'apparence
Et d'ailleurs il n'est pas si facile qu'on pense
D'être fort honnête homme, & de jouër gros jeu.
Le desir de gagner, qui nuit & jour occupe,
 Est un dangereux aiguillon
Souvent, quoy que l'esprit, quoyque le coeur soit
   bon,
 On commence par être dupe,
 On finit par être fripon.

Dummodo fit dives barbarus, ille placet.
       Dispute

Difpute pour le Pas entre le Medecin & l'Avocat.

Dlogene ayant été choifi par un Avocat & un Medecin pour decider qui des deux auroit le pas, prononça cette equitable fentence: *Que le Larron paffe devant & que le Bourreau le Suive.*

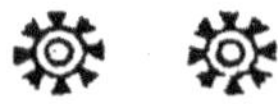

CHarles quint decida auffi entre deux Dames de fa Cour qui difputoient fur le même fujet: *Que la plus fole pafferoit la premiere.*

Avis à un Prediateur.

Pour nous perfuader fans difcours fuper-
flus,
Dites en moins, faites en plus.

Du

Du Baiſer de S'Amie, par Marot.

EN la baiſant m'ha dit, Amy, ſans blasme,
  Ce ſeul baiſer, qui deux bouches embasme,
Les arres ſont du bien tant eſperé :
Ce mot elle ha doucement proferé,
Penſant de tout appaiſer ma grand' flame.
Mais le mien cueur adonc plus elle enflame :
Car ſon haleine odorant plus que basme,
Souffloit le feu qu'Amour m'ha preparé
      En la baiſant.
  Brief, mon eſprit ſans cognoiſſance d'ame,
Vivoit alors ſur la bouche à ma Dame,
Dont ſe mouroit le corps enamouré :
Et ſi ſa levre euſt gueres demouré
Contre la mienne ; elle m'euſt ſuccé l'ame
      En la baiſant.

Erras ſi fieri, quæ fiunt, poſcis ut optas ;
Sed fieri ut fiunt, tu mage cunƈta ve-
lis.

          En

Tout par raiſon:
Raiſon par tout:
Par tout raiſon.

Et puiſqu'il faut tout dire ,
Souvent de tous nos maux la raiſon eſt le pire;
C'eſt elle qui, farouche au milieu des plaiſirs,
D'un remords importun vient brider nos deſirs:
La facheuſe a pour nous des rigueurs ſans pareil-
                 les;
C'eſt un pedant qu'on a ſans ceſſe à ſes oreilles.

Quæ bello eſt habilis, Veneri quoque con-
venit ætas,
Turpe ſenex miles, turpe ſenilis amor.

Sur

SUr un point d'harmonie avec trop de
    Chaleur,
Philippe ofa joûter contre un maître chan-
    teur :
Celui-cy pour finir la difpute importune,
Lui dit : Nos Dieux puiffans vous prefervent,
    Grand Roy,
Que quelque revers de fortune
Vous rende plus habile en Mufique que moy.

AUgufte fit une Satyre contre le Philofo-
phe Pollion, qui fe contenta d'en rire
fans y faire aucune replique ; comme on lui
reprochoit fon filence & fa moderation : *Non
eft facile*, repondit il, *in eum fcribere qui
poteft profcribere.*

Je tiens, Repondit il, qu'il eft peu fur d'ecrire
Contre un homme qui peut profcrire.

Unicuique ftercus fuum femper bene olet.

 Poëfes

Poëtes traitez comme les jambons.

MAynard qui fit des vers ſi bons
   Eut du Laurier pour recompenſe:
O ſiecle maudit! quand j'y penſe,
On en donne autant aux jambons.

Avis aux Plaideurs.

NE plaide point & ſuis l'avis que je te donne.
   Laiſſe là ce procès, croy moy.
Mais Maître Yves me dit que mon affaire eſt bonne;
Oui pour lui, mais non pas pour toy.

VOiture qui connoiſſoit aſſez les Princes a
   dit fort à propos à leur ſujet:
   Heureux qui ne les connoît guere!
   Plus heureux qui n'en a que faire.

Vulnus in antiquum rediit malè firma cicatrix.

La

LA Cour eſt un païs où les joyes ſont vi-
ſibles mais fauſſes; & les chagrins ca-
chez mais reëls.

Differens effets du Peché.

LE peché plaît à tous les hommes lors
qu'ils le commettent; Quand il eſt com-
mis l'homme ſage s'en afflige; le ſcrupuleux
s'en deſeſpere; & l'impudent en rit & s'en
glorifie.

LA guerre fait les Larrons & la paix les
fait pendre.

POne gulæ metas, ut ſit tibi longior
ætas.

Des alimens le ſobre uſage
Vous fera vivre davantage.

Auriculas aſini quis non habet?

E 3   Un

UN Prelat reprefentoit à la Reine Elifabeth que dans certaine occafion elle avoit eu moins d'egards à la morale Chrêtienne, qu'à une Politique d'Etat, & lui citoit là deffus quelques paffages de l'Ecriture. Monfieur, lui dit la Reine, vous me citez de beaux Paffages; mais permettez moy de vous dire que vous n'avez pas étudié le Livre des Rois.

CElui là penfoit affez jufte qui voyant fon lit entouré de Medecins qui venoient faire une Confulte fur fa maladie, fe confideroit comme un homme qu'on alloit paffer par les armes, & s'adreffant à celui qui paffoit pour le moins mal-habile, Monfieur, lui dit il, je vous prens pour mon Parrain.

L'Ane de la Comunauté
Eft toûjours le plus mal bâté.

C'eft

C'Eſt peut être de tout tems que les petits hommes ont affecté de porter de
tres longues êpées, ſuivant le proverbe: A
petit chien grand' queuë. On lit que Ciceron
voyant Dolabella, ſon gendre qui êtoit un
fort petit homme, qui portoit une êpée d'une
extraordinaire longueur; *Quis*, dit il, *gene-*
rum meum gladio huic alligavit? Qui a
attaché mon gendre à cette êpée?

UN Roy d'Eſpagne ayant eu la baſſeſſe de
faire mettre devant ſa Chaiſe percée le
portrait du Roy de France, il eut encore
l'imprudence de dire un jour à ſon Ambaſſadeur: Voyez, Monſieur l'Ambaſſadeur, l'eſti-
me que je fais de vôtre Maître, & où j'ay placé ſon portrait.   Parbleu, Sire, luy dit l'Ambaſſadeur, vous êtes fin: Quand vous irez à
la ſelle, ſi vous vous trouvez conſtipé vous
n'aurez qu'à regarder ce Portrait; il vous fera
chier de peur.

Alium ſilere quod voles primùm ſile.

Lequel vaut mieux, le bien, ou le Savoir.

Dis moy, ami, que vaut il mieux avoir
Beaucoup de biens, ou beaucoup de Savoir?
Je n'en sçay rien; mais les sçavants je voi
Faire la cour à ceux qui ont de quoi.

Philosophie des Femmes.

Il n'est pas bien honnête & pour beaucoup de
causes
Qu'une femme êtudie & sache tant de choses;
Former aux bonnes moeurs l'esprit de ses enfans,
Faire aller son menage, avoir l'oeil sur ses gens,
Et regler la depense avec œconomie,
Doit être son étude & sa Philosophie.

Si on veut trouver le Carême court, il faut faire une dette payable à Pâque.

LE Philosophe Crates disoit que ceux qui n'avoient pour amis que des flateurs sont aussi surs dans le peril que les brebis parmi les Loups; parceque les flateurs ne se tiennent autour d'eux que pour les Manger.

LE Philosophe Zenon battoit d'importance son valet pour un larcin. J'êtois predestiné, s'ecrioit le valet, à derober; & à être bâtonné, ajoutoit Zenon.

IL y a un trait d'histoire qui fait connoître que la bonne foy & la probité, que toute l'Europe reconnoît dans les Suisses, sont des vertus hereditaires à cette noble Nation. Cesar ayant conclu un Traité avec eux, Ils lui dirent qu'ils avoient accoûtumé de recevoir caution des paroles qu'on leur donnoit; Et qu'ils s'êtoient toûjours maintenus dans la possession de n'en point donner de la leur.

Ignoti nulla cupido.

QUi peche plus, luy qui est esventeur,
 Que j'ay de toy le bien tant souhaitable;
Ou toy qui fais qu'il est tousjours menteur
Et si le peux faire homme veritable?
Voire, qui peux d'une oeuvre charitable
En guerir trois, y mettant ton estude:
Luy de mensonge inique & detestable:
Moy de langueur & toy d'ingratitude.

UN Prince demandoit à Aristipe pourquoy on voyoit les Philosophes faire la cour aux Princes & qu'on voit rarement les Princes rechercher les philosophes. C'est, dit Aristipe, que les Philosophes connoissent leurs besoins: & que peu de Princes connoissent les leurs.

Et quis non causas mille doloris habet?

Remer.

Remerciement de M. Vergier à M. le Chevalier de Luynes.

PReux Chevalier que mainte belle adore,
  J'étois deffunt , bien l'avez deviné,
J'étois deffunt & le ferois encore
Sans le fecours que vous m'avez donné.
Depuis long tems, ce long tems, c'eft, à dire,
Depuis qu'avez Dunkerke abandonné
Gifant êtois au Plutonique Empire,
Lorfque d'un mot juftement grifonné,
Comme j'ay veu les trois Parques êcrire,
M'avez fans peine au monde ramené.
De par Merlin, trop en favez, beau fire,
Bien connoiffois en vous des qualitez,
Et bien favois que par d'aimables charmes,
Pouviez forcer les plus fieres beautez
A s'attendrir, à vous rendre les armes.
Mais de forcer les noires Deïtez,
A relâcher ce qu'elles ont feu prendre,
C'eft un pouvoir qu'en vous ne puis comprendre.
Or pardonnez fi trop fuis curieux,
Et dites moy fi ce chiffre magique,
Ce caractere à vertu vivifique,
Qui me rameine à la clarté des cieux,

N'eft

N'eſt pas du vin un nom miſterieux ;
Car un Docteur de l'infernale rive,
Et les Docteurs de là bas ſont ſavants
M'a dit qu'ès noms de ce qu'aimons vivants,
Etoit vertu, force reſurrective.
Par ſes raiſons bien ſeriez convaincu
Si j'en pouvois reveler le myſtere,
Mais pour ne point dire ce qu'il faut taire
Depuis qu'au jour vos charmes m'ont rendu,
Aucuns m'ont dit que tandis que mon ombre
Alloit errant ſur le rivage ſombre,
Eſt arrivé une avanture ici,
Qui ſuffira pour vous prouver ceci.
Le cas eſt tel ; Dame amoureuſe & tendre,
Quelque tems a, s'aviſa de mourir,
Ja ſur la planche on vous la vient etendre ;
Ja commençoient heritiers d'accourir
Pour s'inſtaller dans les biens de la Belle ;
Ja le Cure pour frais d'enterrement
Se debatoit, diſputoit âprement ;
Ja femmelette empreſſée autour d'elle
Lavoit le corps, dans un drap le couſoit,
Quand certain gars qui tenoit la chandele,
Pour eclairer la couſeuſe, niaiſoit,
S'ètant brûlé, prononça de voix forte

L' ob-

L' obſcene mot; au même tems la morte
Fit mouvement, pas ne dis convulſif,
Ains bien plûtôt fit mouvement laſcif:
Car ſe branlant rudement ſur la planche
Elle vous meut & l'une & l'autre hanche,
Tout comme ſi... Comme ſi... C'eſt aſſez,
En dire plus ce ſeroit trop en dire;
Quoi qu'il en ſoit ſoudain elle reſpire
Et prend congé des pâles trepaſſez;
Même aujourd'hui de chacun deſirée,
Nous la voyons embellir ce ſejour
Et mettre encore en œuvre chaque jour
Ce dont le nom du tombeau l'a tirée.

Adonc je dis que ſi c'eſt par le nom,
De ce que plus on aime dans la vie
Qu'on rend aux morts la lumiere ravie,
C'eſt ſeurement au nom du vin & non
A celui là des Grandeurs, des Richeſſes,
Ni des Amours que m'avez ranimé;

Car ces faux biens, ſource de nos foibleſſes,
Ne m'ont jamais que foiblement charmé;
C'eſt le vin ſeul qu'ai tendrement aimé.
C'eſt le vin, ſeul, cette ſource ſincere
De verité, de vertu, de plaiſir,

De longs travaux le foûtien neceſſaire,
L'amuſement d'un innocent loiſir;
Mais pas ne veux ſon eloge icy faire,
Lorsque ſerez en ces lieux de retour
Que ſe tiendront à table des chapitres,
Et des verſets chantez du meilleur tour;
Nous en ferons l'eloge tour à tour;
Et bien croyez qu'entre vos nobles titres,
Pas n'oublirai cil de Reſurrecteur:
Adieu vous dis jeune & bel enchanteur.

Chanſon du même.

L'Eclat des grandeurs importune;
  Mille ennuis troublent la fortune,
Elle eſt moins ſtable que Neptune.
Sous les entendars d'Amour on ſouffre trop de
            peine;
Et ſous ceux de Mars la vie eſt incertaine,
Chercher le hazard n'eſt qu'une chimere vaine
Tombeau du chagrin, bon vin, bon vin
Tu peux ſeul faire un heureux deſtin.

Portrait d'un Grand Roy.

GUillaume fut un Prince habile, humain & doux,
Pere de ses sujets, bon ami, tendre Epoux,
Juste & clement, vaillant & sage,
Né dans l'adversité, nourri dans les travaux,
Il ignora le plaisir, le repos;
Et fit un rude aprentissage
Des vertus qui font les Heros.
Par un heureux essai de son jeune courage
De la Hollande il chassa l'ennemi,
Et le salut des siens fut son premier ouvrage;
L'Anglois qui dans les fers avoit long-tems gemi,
Par ses genereux soins fut mis hors d'esclavage,
Tous ses droits retablis, son culte raffermi;
Et l'Europe exposée aux plus fâcheux orages
Ne craignit plus le coup dont elle avoit fremi.
Par sa prudence consommée
De tant d'esprits divers l'union s'est formée;
Grand genie, apliqué, penetrant, sans pareil,
Ses ennemis l'ont craint autant dans le Conseil
Qu'à la tête de son Armée.
Dans les succès bons ou mauvais,
Son cœur ne s'eleva, ne s'abatit jamais.

Il gagna, perdit des batailles,
Reprit Namur , & consterna Versailles;
Fit tout rendre à Louis & procura la paix.
D'un cœur ferme il soûtint l'honneur de la Cou-
ronne,
Et n'abusa jamais du pouvoir qu'elle donne.
De la Religion il fut le protecteur ;
Mais toûjours sage dans son zele
Il ne fut point persecuteur.
Jamais dans ses Etats d'une fureur nouvelle
Le Soldat, n'apuya les raisons du Docteur.
La charité chez lui ne fut jamais cruelle,
Et pour faire du bien il ne fit point de mal.
Dans sa conduite il fut egal,
Et dans ses promesses fidele.
Grand dans tout ce qu'il entreprit,
Plus grand dans tout ce qu'il souffrit;
Sa vertu fut sans faste, & parut sans mélange:
Du Dieu qu'il adoroit il respecta les droits,
Et laissa constamment au Roy qui fait les Rois,
Et la vengeance & la louange.

Pendant

PEndant que les Cardinaux êtoient assemblez pour l'Election d'un Pape après la mort de Clement IX. les amis du Cardinal Bona disoient : *qui Timet Dominum faciet Bona.*

Grammaticæ leges plerumque Ecclesia spernit.

Esset Papa bonus, si Bona Papa foret.

PEndant qu'après la mort du Cardinal de Richelieu, la plus part des gens s'emportoient en injures contre lui ; le Grand Corneille fit ces vers :

Parle mal qui voudra du Fameux Cardinal,

Ma prose ni mes vers n'en diront jamais rien.

Il m'a fait trop de bien pour en dire du mal,

Il m'a fait trop de mal pour en dire du bien.

Cedamus, leve est quod benè fertur onus.

F　　　　　Doci-

Docilité des François sous Louis XIV.

SAns jamais y trouver à dire,
　　Aux Volontez du Roy nous devons tous
　　　　　soufcrire,
Et pour Loy prendre fon defir.
Et comme il n'eut jamais fon pareil en nul
　　　　autre
Dès que ce Prince a dit : Tel eft nôtre plaifir;
Difons tous après lui : Tel eft auffi le nôtre.

UN General Romain faifoit enlever des temples ce qu'il y avoit de precieux pour payer fes Soldats. Comme ont vint lui dire qu'on avoit entendu le bruit de quelques inftrumens dans le temple d'Apollon lors qu'on avoit voulu y entrer pour le piller. Tant mieux, dit il, Apollon eft de belle humeur & n'eft pas faché contre nous, puis qu'il nous jouë du violon.

Quæ venit ex tuto, minus eft accepta voluptas.

　　　　　　　　　　　　　　　Un

UN Partifan faifoit remarquer à quelques perfonnes la magnificence de fa maifon qu'il avoit fait nouvellement bâtir ; & comme il les promenoit dans tous les apartemens, voicy, leur dit il, Meffieurs, un Degré Derobé. Comme tout le refte, dit un de la compagnie.

LE maître d'hôtel de Cirus luy demanda, un jour que fon Armée êtoit en marche, ce qu'il vouloit qu'on lui aprêtât à diner : du pain, dit il, parceque nous camperons près de l'eau.

Maledicus a Malefico nifi occafione non differt.

Les

LEs Corinthiens nommerent Alexandre Citoyen de leur Ville; & luy dirent qu'en cela ils l'avoient traité comme Hercule. Je puis vous assurer, leur rêpondit Alexandre, que de l'honneur que vous m'avez fait je n'estime que la comparaison. Les personnes de condition que le Senat de Venise inscrit dans son Livre d'Or & fait Nobles Venitiens auroient peut être lieu de faire la même rêponse qu'Alexandre & estimer ce titre, qui les met en quelque façon en comparaison avec les fils des Empereurs & des Rois qu'ils ne manquent pas d'inscrire au même livre; si d'ailleurs il ne les associoit avec deux cents Fripiers, à qui pour quatre vingts mille Ducats chacun, ils ont fait le même honneur.

Omnia venalia præter bonam mentem, & puto si venalis esset, neminem habere emptorem.

Les

LEs Princes & les Rois même ne peuvent pas railler d'une maniere desobligeante impunement.

UN Duc de Savoye demanda un jour à un Seigneur de sa Cour à qui il ne restoit que le titre du Marquisat du Saluce, dont les Comtes de Savoye avoient depouillé ses ancêtres; Monsieur le Marquis, combien vous vaut tous les ans vôtre Marquisat de Saluce? Monseigneur, lui dit le Gentilhomme, Suivant mon calcul il me rend à peu près autant qu'à vôtre Altesse Royale son Royaume de Chipre.

UN Grand Roy railloit un courtisan qu'il avoit envoyé plusieurs fois en Ambassade, sur son air grossier & lui dit qu'il ressembloit à un Boeuf. Je ne say, Sire, rêpondit il, à qui je ressemble; Mais je supplie vôtre Majesté de se souvenir que j'ay eu l'honneur de la representer en plusieurs occasions.

Fran-

FRançois Premier s'oublia une fois jusqu'à dire à une Dame qui avoit été parfaittement belle: Combien y a-t-il, Madame, que vous êtes revenuë du Païs de Beauté? J'en revins, Sire, lui dit elle, le jour de vôtre retour de Pavie.

LA Reine Christine demanda un jour à un de ses Aumoniers, qui avoit un ventre extraordinairement gros, quand accoucherez vous, Monsieur l'Aumônier? Madame, rêpondit il: quand j'aurai trouvé une Femme-Sage.

Alchimia, ars sine arte, cujus Principium est Mentiri, Medium Laborare, & Finis Mendicare.

Bense-

BEnſerade haïſſoit particulierement l'Abbé Furetiere, & il s'oublia une fois, jusqu'à dire, groſſierement, prenant la place qu'occupoit ordinairement cet Abbé à l'Academie: voicy une place où je vai bien dire de Sotiſes. Continuez, dit Furetiere, vous commencez bien.

Diſtribution des Barbes.

HEnri IV. ſe promenant dans le jardin du Comte de Soiſſon qui avoit la barbe rouſſe; ce Comte voulut ſe divertir ou crut peut être divertir le Roy au depens de ſon jardinier, qui êtoit Eunuque, & lui demanda pourquoy il n'avoit point de barbe? Ce pauvre homme quoyque confus lui rêpondit qu'étant venu des derniers dans le tems que Dieu faiſoit la diſtribution des Barbes, comme il n'en reſtoit plus que de Rouſſes, il avoit mieux aimé s'en paſſer que d'en prendre une de cette Couleur.

Plus eſt negotii in otio quàm in negotio.

F 4 Louis

LOuis XIII. railloit aſſez groſſierement le Ma-reſchal de Baſſompierre au ſujet d'un poux qu'il voyoit courir ſur ſon habit. Vôtre Majeſté, lui dit Baſſompierre, fera croire qu'on ne gagne que des poux à ſon ſervice.

Equité d'une Fille de-Joye.

UN Galant le fit & refit
   A une Belle en s'ebatant,
Et puis après la ſatisfit
D'un bel écu d'or tout comptant,
Monſieur, je n'en merite tant,
Dit la fillette, c'eſt beaucoup.
Serrez ſerrez le pour ce coup,
Lors ce dit la fille au corps gent:
Faites le donc encore un coup
Pour le ſurplus de vôtre argent.

Pour exprimer un Stile concis : *quàm multa quàm paucis.*

A

A Deux genoux une gente Pucelle
Se confessoit aux piez d'un Cordelier,
Et lui montroit à travers sa dentelle
L'Echantillon d'un tetin regulier.
Lors de la chair le Demon familier
Se fit sentir ; par quoy l'homme d'Eglise
Lui mit en main son joyeux eguillon.
Oh ! qu'est ceci, dit la Fille surprise.
Prenez, prenez, reprit le Penaillon,
C'est le Cordon de Saint François d'Assise.

ON a souvent fait à Boileau le fade repro-
che qu'il a pillé les Anciens, & comme
Desmarest disoit un jour qu'il avoit volé
dans Horace & dans Juvenal tout ce qu'il
y avoit de brillant dans ses Satyres ;
quelcun répondit à propos, qu'il faloit du
moins avouër que ses larcins ressembloient à
ceux des Partisans du tems passé ; qui leur ser-
vent à faire une belle depense, & dont tout
le monde profite.

LE jour que la Reine Chriſtine fit abjuration publique à Inſpruch de la Religion
Lutherienne, on la regala l'Après-midy d'une
belle comedie où ſe trouverent toutes les
perſonnes de diſtinction qui avoient êté pre-
ſentes à ſon abjuration. Il eſt bien, juſte Meſ-
ſieurs, leur dit elle, que vous me donniez la
Comedie, après que je vous ay donné ce matin la Farce.

AU bon vieux temps un train d'Amour regnoit
    Qui ſans grand art, & dons ſe demenoit,
Si qu'un bouquet donné d'amour profonde,
C'eſtoit donné toute la Terre ronde :
Car ſeulement au cueur on ſe prenoit.
    Et ſi par cas à jouïr on venoit,
Savez vous bien comm' on s'entrenoit,
Vingt ans, trente ans : cela duroit un Monde
    Au bon vieux temps.
    Or eſt perdu ce qu'Amour ordonnoit :
Rien que pleurs faints, rien que changes on n'oyt.
Qui voudra donc qu'à aymer je me fonde,
Il faut premier que l'Amour on refonde,
Et qu'on la meine ainſi qu'on la menoit
    Au bon vieux.

Au

AU bon vieux temps que l'Amour par bou-
quets
Se demenoit & par joyeux caquets,
La femme estoit trop sotte, ou trop peu fine :
Le temps depuis, qui tout fine, & affine,
Lui ha monstré à faire ces acquests.

Lors les Seigneurs estoient petits Naquets,
D'aux, & Oignons se faisoient les banquets :
Et n'estoit bruict de ruër en cuisine
Au bon vieux temps.

Dames aux huys n'avoient clefz, ne loquetz :
Leur garderobbe estoit petits pacquetz
De Canevas, ou de grosse Estamine :
Or, Diamans, on laissoit en leur Mine,
Et les couleurs porter aux Perroquetz
Au bon vieux temps.

Aurum Virgilius de Stercore colligit Enni.
Fecit Virgilius quod facit & Medicus.

Taxe

Taxe Apostolique.

UN vieux Paillard, qu'à Rome on accusoit
De pratiquer l'Amour antiphisique,
Vit à Paris un Prêtre qu'on cuisoit,
Pour même cas dans la place publique;
Helas, dit il, le pauvre Catholique,
Que n'est il né Romain ou Ferrarois?
Pour un êcu la Taxe Apostolique
L'auroit absous du moins quatre ou cinq fois.

Faire voir le Diable.

UN Charlatan disoit en plein marché
Qu'il montreroit le Diable à tout le Monde,
Lors une bourse assez large & profonde
Il leur deploye, & leur dit: gens de bien,
Ouvrez vos yeux; voyez, y a-t-il rien?
Non, dit quelcun des plus près regardans.
Et c'est, dit il, le Diable, oyez vous bien?
Ouvrir sa bourse & ne voir rien dedans.

Le

Le Poids du Sceptre.

CRispe, il n'eſt que trop vray, la plus belle
            Couronne
N'a que de faux brillans dont l'eclat l'environne;
Et celui dont le Ciel pour un Sceptre fait choix,
Jusqu'à ce qu'il le porte en ignore le poids.

UN bon vivant, qui ſe regaloit ſouvent
      avec ſes amis ſur une table de pierre
qu'il avoit dans ſon jardin, creut peut être
qu'il repoſeroit après ſa mort plus agreable-
ment ſous cette même pierre, & ordonna
qu'on en couvrît ſa tombe. Ses amis y firent
graver cette Epitaphe.

      Le bon Chrêtien, qui m'a fait faire,
      Beuvoit ſur moy faiſant grand chere.
      Las il eſt mort, il n'y boit plus :
      Cy gît deſſous qui but deſſus.

Du

DU tems de Juvenal les femmes êtoient peut être coifées à trois & quatre êtages comme aujourd'huy ; car il dit de leur coifure :

Tot compagibus altum ædificant caput.

Respect de Mere Christine pour le Service.

UN Maître Moine exerçoit une Soeur,
Pendant la nuit comme on disoit Matine,
Mere Christine en s'en allant au Choeur
Les aperçut avec Soeur Clementine,
Dont celle cy faisant la Diablotine,
Voulut crier & sonner le tocsin :
Laissez, laissez, lui dit Mere Christine,
Ne troublons point le Service divin.

A

A M. de Lesclache sur sa Methode de Philosopher.

GRand Oeconome de la table,
Où l'esprit se nourrit & devient raisonnable,
Aristote de Cour, esprit incomparable,
La sagesse après toy n'ira jamais plus haut;
Par toy le Philosophe a l'esprit agreable,
Et tourné comme il faut;
Il sait discourir juste & parler sans deffaut.
Et la Philosophie, helas! si miserable,
Morte sous la poussiere & couverte de sable,
Dont la barbare Ecole injustement l'accable
Revit par ta methode, & revit plus aimable;
Mais lorsque l'on entend la divine Giraud,
En elle plus qu'en tout tu parois admirable,
Et cette Ecoliere adorable.
Te rend un maître heureux autant qu'inimitable.
Vous Sçavans d'Universitez,
Gens d'*a parte rei*, Docteurs de facultez,
Grotesque debiteurs d'Universalitez,
Dites, dites Pedans crotez,
Si tous vos Colleges ensemble,
Fust ce Harcourt, Navarre, ou Bauvais,
Ont fait, ou s'ils feront jamais
Un Maître ès Arts qui lui ressemble?

Le

LE tems d'un infenfibile cours
     Nous porte à la fin des nos jours,
C'eft à nôtre Sage conduite,
Sans murmurer de ce defaut,
De nous confoler de fa fuite,
En le menageant comme il faut.

On a dit du Cardinal de Richelieu:

IL fut trop abfolu fur l'efprit de fon Maître:
     Mais fon Maître par lui fut le Maître des Rois.

CRoyons que chacun vaut fon prix,
     Ne meprifons jamais perfonne.
Difficilement on pardonne
Les moindres marques de mepris.
Cet avis me paroît d'autant plus falutaire,
Que l'on ne fçait de qui on peut avoir à faire.

A une

A une belle personne qui jouoit à Colin Maillard.

DE toutes les façons vous avez l'art de
        plaire ;
Mais sur tout vous savez nous charmer en ce
        jour :
Voyant vos yeux bandez, on vous prend pour
        l'Amour,
Les voyant decouverts, on vous prend pour
        sa mere.

Contre les Brimbaleurs importuns.

PErsecuteurs du Genre humain,
    Qui sonnez sans misericorde,
Que n'avez vous au cou la corde,
Que vous tenez dedans la main.

*   *   *

Omnis vita humana est Otium aut ne-
gotium.

G

Un

UN homme qui voyoit fuïr un Gascon, qui avoit beâucoup vanté sa bravouvre, où est donc ce courage, lui dit il, aux jambes, rêpond le Gascon, courant de plus belle.

M. Lecamus Evêque de Belley prêchant un jour à Nôtre Dame de Paris dit, Messieurs, on recommande à vos charitez une jeune Demoiselle qui a beaucoup de merite & de vertu, mais qui n'a pas assez de bien pour faire voeu de Pauvreté.

DAns la Messe qui se disoit pour les obseques de Sixte-quint, qui a été le dernier Moine Pape, le Cardinal qui faisoit la fonction de Soudiacre lisant l'Epitre qui commence par ces mots : *Fratres, nolumus vos*, fit là une tres longue pause ; ce qui fit juger que les Cardinaux ne prendroient plus de Frere Lubin pour leur Maître.

Ce

CE Monde-cy n'eſt qu'une Oeuvre co-
   mique
Où chacun fait ſes rôles differens.
Là ſur la Scene en habit dramatique
Brillent Prelats, Miniſtres, Conquerans.
Pour nous, vil Peuple , aſſis aux derniers
   rangs,
Troupe futile ; & des Grands rebutée,
Par nous d'en bas la Piece eſt êcoutée,
Mais nous payons, utiles Spectateurs,
Et quand la Farce eſt mal repreſentée,
Pour nôtre argent nous ſifflons les Acteurs.

*Cur canis excubias agitat tibi nullus
   ad ædes?
Non opus eſt : Uxor latrat in æde
   mea.*

G 2   Enigme.

Enigme.

JE suis en liberté, sans sortir de prison,
Je suis au desespoir, sans quiter l'esperance,
Quoyque dans le peril, je suis en assurance,
Je parois à l'Armée, & suis en garnison.
J'ay part sans lâcheté même à la trahison,
Je sers à la richesse autant qu'à la souffrance,
Je preside à la rime ainsi qu'à la raison,
Et derniere en faveur, je suis seconde en France.
Comme il n'est rien de grand ni de rare sans moy,
Je suis & dans la Cour & dans l'esprit du Roy,
C'est avec moy qu'il rit, qu'il s'entretient, qu'il
                       s'ouvre.
J'assiste à son coucher, j'assiste à son reveil,
Il me souffre à Versailles, à Saint Germain, au
                       Louvre;
Mais me laisse à la porte en entrant au Conseil.

Chi t'accarezza più che non suole,
O t'ingannato ha, ò ingannar ti vuole.

Autre.

Autre.

ON Trouve Perte & Gain, Vice & Vertu
chez moy;
Bien loin de ſes couleurs j'écarte la Peinture;
Je ſepare un Palais de ſon Architecture,
Et place l'Atheïſme au deſſus de la Foy.

Je fais avant la mort preceder le Convoi;
Mais j'etale en leur ordre & l'Art & la Nature;
Et ſans confuſion ſoûs même couverture
Je loge egalement le Berger & le Roy.
Bien de gens dont partout on chante la louange,
Se trouveroient ſouvent dans une peine étrange,
Si je ne leur prêtois un utile ſecours.

Mais n'apuyez pas tant ſur ces diſcours frivo-
les
A moy, dans le beſoin ſi vous aviez recours,
Vous n'en pourriez jamais tirer que des paroles.

*Bellum ita ſuſcipiatur, ut nihil aliud
niſi Pax quæſita videatur.   Cicero.*

Quelcun defirant étre prêtre,
A l'Evêque fe prefenta,
Lequel lui dit : Si tu veux l'être,
Quot funt feptem Sacramenta ?
Ce mot bien fort l'epouvanta :
Puis il dit : *Tres* ; l'Eveque, *quas ?*
Sunt Fides, Spes, & Charitas :
Parbleu tu as bien répondu.
Sus Clerc, qu'on depêche fon cas,
Il merite d'ètre tondu.

M. Le Duc de Mercoeur êtoit un bon Prince qui ne favoit pas expliquer fon Pater ; il fut fait Cardinal : & comme on vint dire dans une compagnie où êtoit Benferade, que M. de Mercoeur êtoit entré dans le Sacré College ; C'eft le premier College, dit Benferade, où il foit jamais entré.

Ut tibi mors felix contingat, vivere difce.
Ut felix poffis vivere, difce mori.

Heu-

Heureuse Disposition.

DAns un lieu du bruit retiré,
    Où pour peu qu'on soit moderé,
On peut trouver que tout abonde,
Sans amour, sans ambition,
Exemt de toute passion,
Je joüis d'une paix profonde :
Et pour m'assurer le seul bien,
Que l'on peut estimer au monde,
Tout ce que je n'ay pas je le compte pour rien.

FRançois Premier disoit que le Prince doit
    estre au dessus, de tous, & les Loix au
dessus de Lui.

*Il poco mangiare, & il poco parlare
non fecero mai male.*

ON lifoit à Charles - quint cette Epita-
taphe qu'un Capitan Efpagnol avoit ordonné de graver fur fon Tombeau : *Qui
giace Don-Martin Janes della Barbuda, nel
cui petto non entrò mai paura :* Cy gît Don
Martin &c. qui n'eut jamais peur. Il faut,
dit, l'Empereur que ce Capitan n'ait jamais
mouché de Chandele avec les doigts.

UNe bonne femme preffée
De faire fes neceffitez,
N'alla pas fe cacher dans des lieux ecartez,
Mais promtement s'êtant baiffée
En un endroit affez paffant ;
Par hazard un homme puiffant
Et de refpect, vint à paroître,
Devant qui ne voulant pas être
En un état fi peu decent,
Cette vergogneufe femelle
Se voulut relever quand il fut proche d'elle ;
Mais il l'en empêche foudain
En lui mettant la main
Sur le haut de la tête,
En difant : ne bougez, car par la vertu bleu,
J'aime en un cas fi malhonnefte
Bien mieux voir la poule que l'oeuf.

Scar-

Reproche de Scarron à Sarasin.

SArasin,
Mon voisin,
Cher amy,
Qu'à demy
Je ne voy,
Dont ma foy
J'ay depit
Un petit
N'es tu pas
Barrabas ?
Busiris ?
Phalaris ?
Ganelon
Le felon ?
De sçavoir
Mon manoir
Peu distant,
Et pourtant
De ne pas
De ton pas,
Ou de ceux
De tes deux

Chevaux gris,
Mal nourris
Y venir
Rejouir
Par tes dits
Esbaudits ;
Un pauvret
Tres maigret,
Au cou tors,
Dont le corps
Tout tortu,
Tout bossu,
Surané,
Descharné,
Est reduit,
Jour & nuit,
A souffrir,
Sans guerir,
Des tourmens
Vehemens.
Si Dieu veut,
Qui tout peut,

Che

Dès Demain   Si j'ay tort
Mal S. Main,   D'eftre fort
Sur ta peau   En esmoy
Bien en beau,   Contre toy;
S'eftendra,   Mais pourtant
Et fera   Repentant,
Tout ton cuir   Si tu viens
Convertir   Et te tiens
En farcin.   Un moment
Lors mal fain   Seulement
Et pourry,   Avec nous,
Bien marry   Mon couroux
Tu Seras,   Finira,
Et verras   Et cætera.

Si

Majorum primus quisquis fuit ille tuorum,
Aut Paftor fuit, aut illud, quod dice-
re nolo.

Expe-

Expedient à un Coquin pour con-
tenter tout le monde.

L'Unique moyen qui vous reste,
   Pour plaire au peuple qui deteste,
Et vôtre vie & vos forfaits,
C'est de vous faire bien tôt pendre;
Je veux bien en faire les frais,
Ne deût on jamais me les rendre.

UN Barnabite exploitoit Soeur Colete,
   Mal à son aise au travers du parloir.
Ah! quel travail, lui disoit la Nonete,
Bien mieux au lit ferions un tel devoir.
Ma chere Soeur, rêpond le Moine noir,
Un tel penser vient de l'Esprit immonde.
Dieu ne nous fit pour nos aises avoir
En ce bas lieu, comme les Gens du Monde.

(O)

On

ON difoit que M. Triftan avoit laiffé fon efprit de Poëte à Quinault, qui le Servoit, & on fit cette Epipramme à ce fujet.

ELie, ainfi qu'il eft êcrit,
De fon Manteau joint à fon double efprit
Recompenfa fon ferviteur fidele,
    Triftan eût fuivi ce modele;
Mais Triftan qu'on mit au tombeau
    Plus pauvre que n'eft un Prophete,
En laiffant à Quinault fon efprit de Poëte,
    Ne lui put laiffer de Manteau.

SUr fon cheval Jean fe ruoit,
    Contre Jean le Cheval ruoit;
Et tous deux ecumoient de rage.
Mathurin qui par là paffoit,
Dit à l'homme qu'il connoiffoit:
Eh! Jean, montrez vous le plus fage.

Le

LE Cardinal Mazarin racontoit qu'un certain Pape, mecontent d'une famille de Rome dans laquelle il avoit beatifié nouvellement un Saint, disoit dans son chagrin: *Questa gente è molto ingrata; Jo hò Beatificato uno de' loro parenti che per Dio non lo meritava.*

La Rage.

A Cupidon la belle & jeune Aminte
Malgré l'Himen sacrifioit toûjours.
Son pauvre Epoux toûjours étoit en crainte,
Qu'elle ne fît de nouvelles amours.
Il ne pouvoit en fermer la paupiere,
Veilles, soucis, l'eurent tôt emporté,
Lui mort, Aminte, en pleine liberté,
A son humeur donna belle carriere.
On en jasa. Son Curé crut devoir
L'en avertir: Vous vous perdez, Madame,
Changez de vie, ou c'est fait de vôtre ame.
Helas, Monsieur, je voudrois le pouvoir,
Lui répondit la trop fringante veuve;
Mais plaignez moi, tel est mon ascendant,

Que je ne puis avoir l'esprit content,
Si chaque mois je n'ai pratique neuve.
Cela me vient d'un accident fatal.
A quatorze ans d'un Chien je fus morduë,
Chien enragé.   Pour prevenir le mal,
L'avis commun fut qu'il me faloit nuë,
Plonger en Mer.   Nuë on me depouilla.
Honteuse alors de me voir sans chemise,
Incontinent je portai la main là
Où vous savez, sans jamais lâcher prise.
On me plongea; mais qu'est il arrivé?
C'est que mon Corps. ô pudeur trop funeste!
Par tout ailleurs du mal fut preservé,
Hors cet endroit, où la Rage me reste.

DAns la ceremonie du Sacre d'un Evêque, où il y avoit un grand Cercle de Prelats rangez sous le Dome, une Dame enchantée de tous ces differens Roquets disoit qu'il lui sembloit d'être en Paradis voyant un si grand nombre de venerables Evêques. *En Paradis*, rêpond une Personne qui se trouvoit auprès d'elle, *O vrayment il n'y en a pas tant qu'en voila.*

Un

UN Poëte Anglois nommé Valler se tira en
habile courtisan & en homme d'esprit
d'un pas embarassant.   Il avoit fait en vers
un excellent eloge de Cromvel pendant qu'il
êtoit Protecteur.   Charles II. ayant été
rêtabli en 1660.   Valler luy presenta des vers
à sa louange.   Le Roy lui dit après les avoir
leus qu'il en avoit fait de bien meilleurs
pour Cromvel. Sire, lui repondit Valler, nous
reuslissons mieux nous autres poëtes en fictions
qu'en veritez.

MAdame de Pontac, soeur de M. de
Thou voyant dans l'Eglise de Sorbonne
le tombeau où le Cardinal de Richelieu fut
mis peu de tems après l'execution de M. Thou;
Domine, dit elle, *si fuisses hic, Frater
meus non fuisset mortuus.*

SInt *Mœcenates, non deerunt, Flacce,
Marones.*

La

LA gloire ne ſauroit toûjours faire aux habiles
    Embraſſer d'illuſtres travaux;
S'il naiſſoit aujourd'hui des Mecenas nouveaux,
    Il ſe trouveroit des Virgiles.

UN François s'entretenant avec une Dame
Italienne à qui il diſoit que les Dames
Françoiſes ſortoient ſans être voilées;
la Dame lui dit qu'elles devoient donc être
fort halées: le Cavalier croyant lui faire en-
tendre que les Françoiſes pour ſe garantir du
hale portoient un masque: *Madama*, lui dit
il, *portano il Maſchio.*

On diſoit d'un Predicateur d'ont l'Audi-
toire n'êtoit pas nombreux: *Vox Clamantis
in deſerto.*

Enigme.

Enigme.

JE suis dans le travail sans être en exer-
        cice,
Toûjours dans la vertu & ne sors point du
        vice;
On me trouve au Barreau sans entrer au Pa-
        lais,
Fort avant à la Cour, & parmi les valets.
Je m'erige en vaillant , puis on me voit en
        fuite.
Je vis en étourdi sans manquer de conduite.
En Voleur puis en pauvre on me voit plusieurs
        fois.
Je suis toûjours en Gaule & ne suis point Fran-
        çois.
Je ne suis point en perte & toûjours en
        ruïne,
Et je fais le devin, sans que l'on me devine.

H   Autre.

Autre.

EMployez, gens d'esprit, icy vôtre Savoir.
   Qu'est ce, sans hesiter , pour resoudre ce
doute,
Qu'au plus clair du Midy nos Yeux ne peuvent
voir,
Mais qu'apercevons bien quand nous n'y voyons
goute.

Aliud.

SUme caput, curro, ventrem conjunge, volabo;
   Adde pedes, comedes; & sine ventre bibes.

Aliud.

DIc mihi quid majus fiat quò pluria demas?

Aliud.

MItto tibi Navem prorâ pupique carentem.

Un

UN bonhomme ne trouvant chez son curé que la servante, lui presenta cinq sols
qu'il la pria de donner à Monsieur le Curé pour
une Messe; ah Vrayment, dit elle, vous me la
baillez belle! allez allez nous ne disons point
de Messe à cinq sols.

UN Medecin s'accusoit d'avoir fait,
   De sa Venus un petit Ganimede.
Le Confesseur lui dit, ah! bouc infect,
Tison d'Enfer: quel Demon te possede?
Pourquoi trouvant un innocent remede
Contre la chair, te damner pour si peu?
L'autre repond, qu'il a leu que ce jeu
Rend l'Oeil plus clair, les visieres plus nettes.
Eh! gros Butor, reprit le Moine en feu,
S'il étoit vray, porterois je Lunettes?

Octavien de Saint Gelais, Evêque d'Agou-
lême, Poëte celebre rimoit si facilement
qu'il fit gageure avec un certain Seigneur,
qu'en quelque occasion qu'il lui parleroit en
rime, il répondroit de même sur le champ &
à propos.   Le parieur prit le tems que l'Evêque venoit d'entrer dans la Sacristie après
avoit dit la Messe, & lui dit en l'abordant.

EN m'en revenant de l'Ecole
　　J'ay rencontré Dame Nicole,
Laquelle êtoit de vert vêtuë.

Saint Gelais repartit.

QU'on m'ôte du cou cette Etole;
　　Et si bien tôt je ne l'accolle,
J'aurai la gageure perduë.

Tutior est locus in terra, quàm turribus
　　altis;
Qui jacet in terra, non habet unde ca-
dat.

Guil-

GUillaume Colletet receut six cents livres
pour six vers qu'il avoit fait dans une
piece qu'avoit ordonné le Cardinal de Richelieu; & il luy adressa ceux cy.

> Armand qui pour six vers m'as donné six
> cents livres,
> Que ne puis je à ce prix te vendre tous mes
> livres.

UN Quietiste, ardent comme un tison
  Mettant un Soir son Rossignol en cage,
Le Corps en rut, l'Eprit en oraison,
Tres saintement depèchoit son ouvrage.
Et redoublant maint devot Culetage,
L'Esprit au Ciel, sans relâche attaché,
Dieu soit... Dieu soit, dit le saint Personnage,
Dieu soit loué, je l'ay fait sans peché.

Pour

POur courir en poſte à la ville
  Vingt fois, cent fois, ne ſçay combien
Pour faire quelque choſe vile,
Frere Lubin le fera bien :
Mais d'avoir honneſte entretien,
Ou mener vie ſalutaire,
C'eſt à faire à un bon Chreſtien :
Frere Lubin ne le peult faire.

  Pour mettre comme un homme habile,
Le bien d'autrui avec le ſien,
Et vous laiſſer ſans croix, ne pile,
Frere Lubin le fera bien.
On ha beau dire, je le tien,
Et le preſſer de ſatisfaire,
Jamais ne vous en rendra rien :
Frere Lubin ne le peult faire.

  Pour desbaucher par un doux Style
Quelque fille de bon maintien,
Point ne faut de vieille ſubtile,
Frere Lublin le fera bien.
Il preſche en Theologien ;
Mais pour boire de belle eau claire ;
Faites la boire à voſtre chien :
Frere Lubin ne le peult faire.

Pour

Pour faire plus toſt mal que bien.
Frere Lubin le fera bien.
Mais ſi c'eſt quelque bon affaire:
Frere Lubin ne le peult faire.

ON a dit qu'établir un ignorant pour Bibliothecaire, c'étoit confier la garde d'un Serrail à un Eunuque.

M. De Bautru êtant Envoyé en Eſpagne, le Roy qui le connoiſſoit pour un homme ſavant, lui parla de ſa bibliotheque qu'il avoit veuë, mais où il avoit reconnu la profonde ignorance du Bibliothecaire. Je conſeille, dit il, à vôtre Majeſté de faire vôtre bibliothecaire Intendant de vos finances; il n'y prendra rien, Sire, car il n'a aſſurement rien pris dans vos livres.

PEndant les guerres civiles de France, M. le Duc d'Orleans, Gaston de France se laissoit absolument gouverner par l'Abbé de la Riviere, qui le servit fort mal & le trompa plusieurs fois. Un jour que cet Abbé, après la mort de ce Prince, disoit que c'étoit un Prince tres Sage, tres pieux, & qui valoit beaucoup. Mademoiselle, Princesse de Dombes lui dit : Vous devez savoir, Monsieur l'Abbé, ce qu'il valoit mieux que personne ; Vous l'avez vendu assez de fois.

QU'un homme une fois en sa vie
Fasse un Sonnet, une Ode, une Elegie,
Je le croi bien :
Mais que l'on ait la tête bien rassie
Quand on en fait métier & marchandise,
Je n'en croi rien.

Made-

MAdemoiselle de Rohan, fille du Grand
Rohan fit les vers suivans dans un grand
derangement de saison au mois de Juil-
let.

> Il gele sous la Canicule:
> Laquais qu'on allume un fagot:
> La Saison est plus ridicule
> Que l'esprit du Marquis de Got.

LE Marquis de Got êtoit M. de Rouillac,
pere du Duc d'Epernon, dernier mort.

> *Deo volente, etiam in vimine navi-*
> *ges.*
> Quand on est heureux on passeroit la
> Mer sur une Claye.

H 5

On

On a dit entre autre au sujet des Anagrammes.

STultus labor ineptiarum.

TUrpe est difficiles habere nugas.

MEnage, sans comparaison,
    J'aimerois mieux tirer loison,
Et même tirer à la rame,
Que d'aller chercher la raison
Dans les replis d'une anagramme.
Cet exercice Monacal
Ne trouve son point Vertical
Que dans une tête blessée :
Et sur Parnasse nous tenons
Que tous ces renverseurs de noms
Ont la cervelle renversée.

    Cependant il s'en trouve de tres heureuses & de tres justes. Il n'y a pas une lettre à ajoûter ou à changer à celle-cy :

Cor-

Cornelius Janſenius, qui eſt le pretendu Patriarche des Janſeniſtes. *Calvini ſenſus in ore.*

Celle cy eſt encore aſſez juſte: *Notaire Royal: Tire à toy Larron.*

CIceron diſoit, pour exprimer la bonne foy & la candeur d'un homme: *Dignus eſt qui cum illo in tenebris mices*; Vous pourriez jouër avec lui à la Mourre, les yeux fermez.

Un Cardinal avoit pour Deviſe: *Panis & aqua vita beata.* Et quand il fut deve-nu Pape, il diſoit: *Aqua & panis vita ca-nis.*

Un

UN Mandarin de la Societé
  Chez un Chinois prêchoit le Culte nôtre.
Le Bonze ayant quelque tems difputé
Sur certains points, convint avec l'Apôtre,
Dont à part foy fort contens l'un de l'autre,
Chacun fortit en fe congratulant.
Le Moine dit: graces à mon talent,
De ce Chinois j'ai fait un Profelite:
Beni foit Dieu, dit l'autre en s'en allant,
J'ai converti cet honnête Jefuite.

UN nommé La Varenne, cuifinier de Ca-
therine Ducheffe de Bar, Soeur d'Henri
IV. paffa au fervice de ce Roy & s'avança
beaucoup auprès de ce Prince par un emploi
encore plus bas que fon premier mêtier. Cette
Princeffe paffant quelque tems après à Paris
où elle feut l'emploi de fon Cuifinier, & le
voyant en fort grand equipage: La Varenne,
lui dit elle, tu as plus gagné à porter les pou-
lets de mon frere qu'à piquer les miens.

C'eft

C'Eſt ce même La Varenne à qui le Roy
demandoit un jour; quel eſt cet hom-
me que je voi toûjours avec ton fils? Sire, lui
dit La Varenne, c'eſt un gentilhomme que je
luy ay donné.   Comment, dit le Roy? Donner ton fils à un gentilhomme, cela, je le
comprens facilement ;   Mais donner un
gentilhomme à ton fils, je ne comprens pas
celui-là.

QUand Promethée eut les humains formez,
    Je veux, dit il, vous rendre aux Dieux
        pareils,
Parquoi ſerez tels que Priape armez
De Braquemards entre les deux orteils.
Si les forgea tous beaux & bien vermeils,
Les uns petits & les autres plus grands,
Selon la taille & les corps differens :
Mais ſur le point que chaque Carabine,
S'alloit poſer ſur ſon vrai Parapet,
Survint Baccus dont la liqueur mutine
De Promethée echaufa le toupet :
Dont à la fin le bon fils de Japet

Tout

Tout de travers acheva la besogne;
Et de là vint, comme c'est grand vergogne,
Qu'aux corps humains, tant soient ils apparens,
Harnois d'amour furent mal assortis,
Ayant donné les plus petits aux grands
Et les plus grands à vous autres petits.

Sonnet de Sarasin à M. de Charleval.

Lorsqu'Adam vit cette jeune beauté,
    Faite pour lui d'une main immortelle,
S'il l'aima fort, elle de son côté,
Dont bien nous prend, ne lui fut pas cruelle.
Cher Charleval, alors en verité
Je croi qu'il fut une femme fidelle.
Mais comment donc ne l'auroit elle été?
Elle n'avoit qu'un seul homme avec elle?
Or en cela nous nous trompons tous deux,
Car bien qu'Adam fût jeune & vigoureux,
Bien fait de corps, & d'esprit agreable;
Elle aima mieux, pour s'en faire conter,
Prêter l'oreille aux fleurettes du Diable,
Que d'être femme & ne pas coqueter.

IL se pratique une chose en France dans la
Maison du Roy qui tient un peu du gre-
din, qui est de faire tourner, la seconde année
le drap & le galon des juste-au-corps des
Gardes du Roy. Ce qui faisoit dire à M. de
Vivonne à un Garde du Corps, qui venoit lui
rendre visite : Vous voila donc, Monsieur,
avec vôtre juste-au-corps de retour de la Cam-
pagne.

GUi sur le declin de mes jours,
    Me propose Anne en mariage,
Qu'on dit qui sait mieux que Bouhours
Les secrets de nôtre langage.
Mais il veut en vain me prouver
Que je ne saurois mieux trouver :
J'elude aisement ses sophismes.
Anne & moy n'aurions pas la paix,
C'est une Puriste, & je fais
Souvent au lit des solecismes.

Quæris cur nolim te ducere, Galla? di-
      serta es.
Sæpe solecismum mentula nostra facit.

In Niobem Praxitelis.

Vivam olim in lapidem verterunt Nu-
      mina; sed me
   Praxiteles vivam reddidit ex lapide.

DE vive que j'étois, les Dieux
   M'ont changé en pierre massive.
Praxitele a fait beaucoup mieux ;
De Pierre il m'a seu rendre vive.

Près

PRès de la mort une Vieille incredule
  Rendoit un Moine interdit & perclus.
Ma chere fille une simple formule
D'Acte de foy! quatre mots & puis plus!
Je ne saurois. Mon Dieu, dit le Reclus,
Inspirez moy. ça, voudriez vous être
Persuadée? Oui, je voudrois connoître,
Toucher au doigt, sentir la verité.
He bien, courage, allons, reprit le Prêtre,
Offrez à Dieu vôtre incredulité.

NOn copiosa jugera,
  Non apparatus persicos,
Aurum Gigis non ambio.
Ne quid nimis, placet nimis.

Sur le nommé Clement, fameux Acoucheur à Paris.

QUas bona pars hominum muliebri con-
    dit in antro,
  Ex illo Clemens eruit unus opes.

SAnteuil qui louä tant les eaux
Ne but rien moins que de l'eau claire;
Et fit des cantiques fort beaux
Pour les Saints qu'il n'imita guere.

SUr M. Bekker, auteur du Monde Enchan-
té, où il pretend établir qu'il n'y a point
de Diable, & a fait mettre au commence-
ment du livre son portrait, qui est horrible-
ment laid.

Oui par toy de Satan la puissance est bri-
dée,
Mais tu n'as cependant pas encore assez fait.
Pour nous ôter du Diable entierement l'idée,
Bekker, suprime ton portrait.

Roma

ROma quod inverso delectaretur amore,
Nomen ab inverso nomine fecit
amor.

Tout y vise au Sale guichet,
Tèmoin la Chaise Bourguesine
Qui prend les Culs au Trebuchet.

ON fit une année certains Noëls, où l'on
faisoit venir à l'adoration de l'Enfant
JEsus toutes les differentes especes de Froc;
Mais comme la file en seroit ennuyeuse, nous
en introduirons seulement quelques uns.

Un Celestin de bonne mine
Vint adorer cet Enfant Dieu ;
Mais ne voyant point de cuisine,
Il delogea sans dire Adieu.

PLeins de ruse & fausse finesse,
   Les gens issus de Loyaula
Songeoient dêja par quelle adresse
Ils se pourroient établir là.

UN seul venu de l'Oratoire
   Dit à Jesus : excusez nous,
Nos autres peres n'ont pû croire
Que vous soyez venu pour tous.

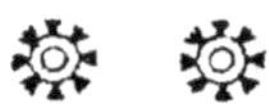

ON introduisoit encore d'autres personnes, entre autres une femme qui étoit fille d'un Charpentier, nommé Bardi, & qui en troisiemes noces avoit pris le titre de Marquise & des airs qu'on auroit trouvé insolens dans une Duchesse. Et un homme qui s'êtoit fait avocat après avoir quitté le Bonnet de Jesuite.

A Grand bruit & grand fracas
  La Soteville arriva ;
Mais Jesus qui craint
Ce faste mondain
Lui fit la froide mine.
Joseph pour l'apaiser lui dit :
Jesus, c'est ma cousine Bardi,
Jesus, c'est ma Cousine.

Mais le Devot Debarigni
Fut fort mal receu du Petit.
C'est un scelerat c'est un Renegat,
Dit Jesus à Marie,
Faloit il pour être Avocat
Quitter ma Compagnie? O l'ingrat !
Quitter ma Compagnie?

UN Moine ayant (c'êtoit un Soûprieur)
   D'une Nonnain verifié le fexe,
Las d'encenfer le temple anterieur,
Voulut auffi vifiter fon annexe.
O Vanité dit la Nonne perplexe,
Qu'en fon état l'Homme fe connoît mal!
Que vers le bien fa route eft circonflexe,
Un Souprieur, trancher du Cardinal!

LEs mauvais exemples nous inftruifent
   fouvent mieux & fervent à nous corriger
plus que les bons. Montagne difoit qu'un
bon Ecuyer ne le dreffoit pas fi bien qu'un
Apoticaire ou un Venitien à Cheval. La
veuë d'un yvrogne eft une leçon de fobrieté
tres efficace.

(O)

*Hò detto già una volta l'Alfabeto
Greco per temperar l'ira.*

Comme

COmme un Rondeau doit peu laſſer,
  Et qu'à l'aiſe on peut entaſſer
De petits vers une trezaine,
Icy d'une facile veine
J'entreprens de vous les tracer.
Mais à mon âge de penſer
Toute une nuit vous careſſer
Cela ne ſe peut pas ſans peine,
      Comme un Rondeau.
Mon Autonne vient de paſſer,
L'Hiver s'apprête à me glacer,
Au moindre effort je pers haleine;
Vous aimez à recommencer
      Comme un Rondeau.

On a dit bien à propos d'une femme
allant en croupe derriere ſon Mari : *Poſt
equitem ſedet atra cura.*

I 4   Rabe-

RAbelais, Curé de Meudon
Mariant à Lucas Jaqueline Bridon,
Il l'a prit à l'ecart & lui dit: Jaqueline
Ce n'est pas avec moy qu'il faut faire la fine
As tu ton pucelage? ou bien ne l'as tu pas ?
Oui, Monfieur, je l'avons, Dieu Marci, lui dit
elle ;

Tant mieux, reprit il, fi tu l'as.
Quand on marie une pucelle
C'est aux Vierges avec raifon
Qu'on doit adreffer l'oraifon ;
Que fi tu ne l'as pas il faut changer de Style,
C'est à la Madelaine à qui l'on a recours,
Autrement tu mourrois au plus tard dans huit jours.
Vôtre Sarmon est inutile,
Je n'avons rien du tout à craindre fur ce point.
Dites fans barguigner la priere des Viarges,
Et je vous repon bien que je n'en Mourrons point.
Pendant qu'on allumoit les cierges.

Pour ne rien donner au házard

Dans une rencontre pareille
Jaqueline à fon tour le tirant à l'ecart,
Et lui chuchetant à l'oreille :

Quoi-

Quoique j'ayon toûjours confarvé nôtre honneur,
Et que j'en Soyon bien çartaine,
N'importe, marmotez, lui dit elle Monfieur,
Un Tantet de la Madelaine.

BLaife voyant à l'agonie
  Lucas qui luy devoit cent francs,
Lui dit ; point de ceremonie
ça payez moy, vîte, il eft tems.
Laiffez moy mourir à mon aife,
Rêpondit foiblement Lucas.
Oh parbleu, vous ne mourrez pas
Que je ne fois payé, dit Blaife.

ON difoit d'un Parafite qui ne mangeoit
    jamais chez lui & êtoit d'ailleurs fort
medifant, qu'il n'ouvroit jamais la bouche
qu'aux depens d'Autrui.

 Pour

POur triompher de l'humaine nature,
   Le vieux serpent cauteleux & madré
Tenta la femme, & la femme parjure,
Fit parjurer l'homme inconsideré.
Mais que nous a Moïse figuré
Par ce recit? Le sens en est palpable;
De tout tems l'homme à la femme est livré,
Et de tout tems la femme l'est au Diable.

Reponse de M. Quinault à quelcun qui le croyoit embarassé de son dernier Opera.

CE n'est pas l'Opera que je fai pour le Roi,
   Qui m'empêche d'être tranquile,
Tout ce qu'on fait pour lui paroit toûjours facile.
La grande peine, où je me voi,
C'est d'avoir cinq filles chez moi,
Dont la moins agée est nubile.
Je doi les établir, & voudrois les pourvoir;
Mais à Suivre Apollon on ne s'enrichit guere,
C'est avec peu de bien un terrible devoir,
De se sentir pressé d'être cinq fois beau-pere.

Quoi!

Quoi! cinq actes devant Notaire,
Pour cinq filles qu'il faut pourvoir!
O Ciel! peut on jamais avoir
Opera plus fâcheux à faire?

Sonnet de M. de Fontenelle.

JE suis, crioit jadis Apollon à Daphné,
Lorsque tout hors d'haleine il couroit après elle,
Et lui contoit pourtant la longue kirielle
Des rares qualitez dont il étoit orné;
Je suis le Dieu des vers, je suis bel-esprit né;
Mais les vers n'étoient pas le charme de la Belle.
Je sai jouër du luth, arrêtez; bagatelle,
Le luth ne pouvoit rien sur ce cœur obstiné.
Je connois la vertu de la moindre racine,
Je suis, n'en doutez pas, Dieu de la Medecine:
Daphné couroit plus fort à ce nom si fatal.
Mais s'il eût dit : voyez quelle est vôtre conquête,
Je suis un jeune Dieu, beau, galant, liberal;
Daphné sur ma parole auroit tourné la tête.

COmme tout le monde se recrioit sur ce qu'une certaine personne avoit êté reçuë à l'Academie Françoise par une authorité souveraine, dans le tems de sa reception Mrs. de l'Academie trouverent ces vers sur leur table.

Quand pour s'unir à vous Alcipe se presente
Pourquoi donc tant crier haro ?
Dans le nombre de Quarante
Ne faut il pas un Zero ?

AUx piez d'un Moine à barbe venerable
Un Cavalier contoit ses passe tems ;
Le jour bon vin, grand chere, longue table ;
La nuit Tendrons ou Veuves de vingt ans.
Le Reverend levant de tems en tems
Les yeux au Ciel, disoit : Vierge Marie,
Quel chien de train ! quelle chienne de vie !
Las, j'en conviens, & ne suis en ce lieu
Pour m'excuser, repond le bon Apôtre ;
He ! ce n'est pas la tienne, de-par-Dieu,
Dit le Frater, je parle de la nôtre.

Cleon

CLeon pouffé d'humeur folâtre,
　Regardoit à fon aife un jour,
Les jambes plus blanches qu'Albâtre
De Life, objet de fon amour.
Tantôt il s'adreffe à la gauche,
Tantôt la droite le debauche,
Je ne fai plus, dit il, laquelle regarder,
Une egale beauté fait un combat entre elles.
Ah, dit Life, ami fans tarder
Mettez vous entre deux pour finir leurs querelles.

Pourquoi les femmes font fans barbe.

SAis tu pourquoi, cher camarade,
　Le Beau Sexe n'eft point barbu?
Babillard comme il eft, on n'auroit jamais pû
Le rafer fans eftafilade.

Non amo nimium diligentes.

L'Hor-

L'Horloge de Sable.

CLepsidra mentitur veriſſima, namque foramen
Semper fit majus, ſemper arena mi-
nor.

CLepsidra conjugii effigies eſt vera; fora-
men
Tempore fit ſemper majus & unda
minor.

VEux tu ſans te charger du joug du mariage
Voir ce que les maris eprouvent dans leur lit?
L'Horloge d'eau t'en montre une parfaite image.
L'eau toûjours diminue & le trou s'agrandit.

Fran-

FRançois premier demandoit un jour à ses Courtisans s'ils n'avoient jamais veu des pies sur des pourceaux? quelques uns repondirent qu'ils en avoient veu.   Mais, ajouta il, n'avez vous jamais veu un cochon sur une pie? Pour celui là non, repondirent ils.   Eh bien, leur dit le Roy: Voyez, en un, en leur montrant par la fenetre un gros Moine qui passoit sur un Cheval Pie.

CErtains Houssars, usant du droit de guerre,
   Chez un Meunier entrerent sans pitie,
Puis à ses yeux; levant leur cimeterre,
Mirent à mal sa dolente Moitié.
Pourtant la Sotte en forme d'amitié
Du croupion remuoit la charniere.
Lors le Mari lui dit, ah! Boucaniere,
Je suis Cocu; tu prens plaisir au cas;
Helas! mon fils, lui rêpond la Meuniere,
C'est pour sortir plus vîte d'embarras.

Tra-

TRactabat clypeum Marti placitura Dio-
ne,
Sævaque feminea sumpserat arma ma-
nu.
Pone Dea, exclamat petulanti voce Pria-
pus;
Pone decent istas hæc magis arma ma-
nus.

VEnus manioit près de Mars
   Son casque, son glaive, ses dars,
Armes de defense & d'attaque.
En voici, lui cria soudain
Le petulant Dieu de Lampsaque,
De plus propres pout vôtre main.

Le

Le Tems de la Moiſſon.

IRis quelle metamorphoſe!
  Mon oeil ne vous reconnoît point,
Qu'eſt devenu vôtre embonpoint,
Et ce teint de lis & de roſe?
Voyant dans le miroir un ſi grand changement,
Profitez au plûtôt de l'avertiſſement
Que les juſtes Dieux vous fourniſſent.
Voici le ſens de la leçon:
Ainſi que les epis, quand les filles jauniſſent,
C'eſt le vrai tems de la Moiſſon.

TRois Rivaux voyant leur maîtreſſe
  Que l'on vient de bleſſer au ſein,
Auſſi tôt l'un tombe en foibleſſe,
L'autre court après l'aſſaſin,
Le troiſieme bande la playe:
Par ce moyen chacun eſſaye
De montrer qu'il aime le mieux;
Si mon avis on me demande,
Je dirai ſans être ennuyeux,
Que je ſuis pour celui qui bande.

K

Les

Les Faux Amis.

Mille fois ils m'ont tout promis ;
    Mais le siecle en fourbes abonde,
Et je ne hais rien tant au monde
Que la plus-part de mes amis.

Un des plus grands plaisirs qui soient en ce bas
         monde,
C'est de voir qu'en son sens chaque personne
         abonde,
Chacun de son côté croit qu'un autre est un sot.
Guillot se rit de Pierre & Pierre de Guillot.

*Omne solum Forti patria est ut piscibus
æquor.*

Un

Un Maquignon de la ville du Mans
    Chez un Evêque étoit venu conclure
Certain marché de Chevaux Bas Normans
Que l'Homme saint louöit outre mesure.
Vois tu ces crins? Vois tu cette encolure?
Pour chevaux Turcs on les vendit au Roi.
Turcs, Monseigneur, a d'autres ; Je vous jure
Qu'ils sont Chrêtiens ainsi que vous & moi.

Leçon d'Isabeau à Nannon.

Dans un Logis Fameux dont je ne sai l'enseigne,
    Servoient Isabeau & Nannon.
N'attendez pas ici que je vous les depeigne,
C'est beaucoup d'avoir dit leur nom,
Suffit qu'elles étoient de mise ;
Le bec bien affilé, l'oeil à la friandise,
Et telles qu'il les faut enfin
Pour attirer l'eau au moulin.
Nannon sur tout , mais, c'étoit grand dommage;
Elle n'avoit encor tâté du badinage,
Et soit par ignorance ou par timidité
Elle ne faisoit point profiter sa beauté,
Comme sa compagne aguerrie;

J'en fuis furpris, fimplicité
N'habite guere Hôtelerie.
Un foir après quelques menus devis,
Où chacune conta fes peines, fes profits,
Ifabeau, dit Nannon, une chofe m'êtonne,
Nous fommes de moitié de tout ce qu'on nous
　　　　　donne;
Entre nous deux egalement
Tout fe partage, ce me femble;
Pour toi tu roules fur l'argent,
Tandis que je ne puis mettre deux fols enfemble;
On te voit acheter des vaches, des moutons,
De linge ton armoire eft pleine,
Mes habits près des tiens ne font que des haillons,
Tu le portes comme une Reine.
Plus d'affiquets, plus de petits atours,
Plus d'enjolivemens pour faire des conquêtes,
Tes cotillons de tous les jours
Sont plus beaux que les miens des fêtes
Dis moi, comment fais tu? Je ne le comprens
　　　　　pas.
Comment je fais, pauvre innocente,
Lui rêpond Ifabeau, parlant à demi bas,
Un êtranger arrive, appelle une Servante,

Je

Je vais voir ce qu'il veut , le drôle fur mon fein,
Vous debute d'abord par promener fa main,
Le jeu lui plaît, la main s'avance,
Enfin l'on parle de finance,
Et puis l'affaire fe conclud
Sur un lit ou fur une chaife,
En deux ou trois momens au plus
Trente fols, un ecu fe gagnent fort à l'aife;
Il n'y faut pas tant de façons.
Ah ! fi l'on m'employoit autant que je fouhaite,
En moins d'un an, je te rêponds
Que ma fortune feroit faite.
Pour te tirer de la difette,
Tu n'es pas laide, tu le peux,
Sers toi de la même recette;
Je ferai avec toi de moitié fi tu veux.
Oui, mais , reprit Nannon, j'aprehende une chofe,
On dit qu'à ce manege une fille s'expofe....
Si j'allois devenir.... Tu ne deviendras rien,
Lui dit fa camarade habile;
Pour fauver ce malheur qui rend fille fertile,
Je vai t'enfeigner un moyen
Dont la pratique eft tres facile,
Et dont jufqu'à prefent je me trouve fort bien.
Quand fur la fin de la carriere,

Un

Un Galand transporté du plaisir qu'il ressent,

Roule les yeux languissamment,

Et livre à ces douceurs son ame toute entiere,

Il faut prendre son tems, & d'un coup à propos,

Derouter le bidet & lui donner campos;

Attendre jusqu'au bout seroit une imprudence;

Tout le secret consiste à sortir de la danse,

Quand elle aproche de sa fin;

Souvien t'en bien, Nannon.   Crainte que je l'ou-
blie,

Je veux, rêpondit elle, essayer dès demain.

Sa volonté fut bien tôt accomplie.

A la premiere occasion

Nannon joua tres bien son rôle.

Tout ce qu'on fait d'affection

On le fait bien, sur ma parole.

Le Belle en moins de rien se mit sur le bon bout.

Et le moyen qu'elle ne s'y fût mise,

Chaque jour nouvelle reprise,

Quelque fois neuf ou dix, & jamais point du
tout.

Ce

Ce moyen d'acquerir êtoit fort de son goût.
Elle y retourna tant qu'enfin elle y fut prise :
Triste de ce malheur nouveau,
Elle s'en va vers Isabeau
Conter en pleurant sa disgrace.
Sotte, dit Isabeau, que n'êtois je en ta place,
Un pareil accident ne me fût arrivé,
Tu n'as donc pas bien observé
Ce que je t'avois dit de faire.
Helas ! rêpond nôtre future mere,
Tout alloit bien dans les commencements,
J'observois avec soin les moindres mouvemens,
Mais sur le declin du mystere,
Un desordre soudain s'empara de mes sens,
Je ne sai quoi survint qui me mit en deroute ;
J'eus beau me souvenir de tes enseignemens,
Quand il rouloit les yeux je n'y voyois plus goutte.

Quem pœnitet peccasse pene est innocens.

K 4   La

La Marchande en gros.

JE meurs ſi cette Belle eſt contraire à mes voeux,
  Diſoit un grand Seigneur magnifique en paro-
        les,
    Je lui donnerai cent piſtoles
    Du plus petit de ſes cheveux.
La Dame entendant bien quel cheveu vouloit
       l'homme,
Vous m'en offrez, dit elle, une paſſable ſomme;
Mais la vente en dêtail revolte mes eſprits
Si le total vous duit & peut vous faire vivre,
    Sur le champ je vous le livre
    A tout prendre au même prix.

Hoc rus & ſtivam olet.

                              L'Her-

L'Hermaphrodite.

*C*Um mea me genitrix gravida gestaret in
    alvo,
  Quid pareret fertur consuluisse Deos.
Mas est, Phœbus ait; Mars, femina; Juno,
    neutrum.
  Cumque forem natus, Hermaphrodi-
    ditus eram.
Quærenti lethum, Dea sic ait: occidet ar-
    mis;
  Mars, cruce; Phœbus, aquis. Sors
    rata quæque fuit.
Arbor obumbrat aquas; Ascendo; decidit
    ensis
  Quem tuleram; casu labor & ipse
    super.
Pes hoesit ramis; caput incidit amne: tu-
    litque
  Femina, vir, neutrum, flumina, tela,
    crucem.

Neque semper arcum tendit Apollo.

K 5

In-

Invitation de Scarron à une Orgie.

VOus êtes conviez Jeudi,
   Dedans ma chambre après Midi,
De venir celebrer l'orgie
D'Artige, le pere conscript,
Dont les chansons ont tant d'esprit,
Qu'on les croit faites par magie,
Et le bon des Landes Payen,
Qui juge & qui desguaine bien
Honorera la Tabagie.
Dame Picard y brillera,
Et le grand Flotte y chantera
Des chansons avec energie;
Moi même aussi j'y chanterai,
Et les autres rejouirai,
Non obstant ma triste effigie.
Enfin dans ma chambre on rira,
Boira, mangera, causera;
Mon Dieu, que n'est elle elargie?

Tela prævisa minus feriunt.

Le

Le Prêtre desinteressé.

DEs saints habits un Prêtre revêtu
    Se disposoit au Sacrifice,
Lors-qu'une Dame de vertu
Pour se rendre à son gré le Saint du jour propice,
Vint pour offrir devotement
Ce qu'on donne en tel cas au prêtre pour Salai-
      re ;
Mais le valet, porteur du Luminaire
Dit à la Dame brusquement :
De vôtre argent on n'a que faire,
Portez ailleurs vôtre pieux desir,
Mon Maître ne dit d'ordinaire
La Messe que pour son plaisir.

Nullum magnum ingenium sine mixtura dementiæ.

Une

Une main lave l'autre.

CErtain Chanoine à la taille legere,
    Se confeſſoit d'avoir ſeu bricoler
Une Nonnain ; paſſons, lui dit le Pere,
C'eſt du Seigneur la vigne travailler.
Plus une Veuve.   Allons, c'eſt conſoler
Les affligez.   Oui, mais, dit le Chanoine,
Ce n'eſt le tout.   Comment ! par Saint Antoine,
Pourſuivit il, j'ai fourbi contre un mur....
Qui ? Vôtre Soeur : ma Soeur ! …reprit le Moine,
Et moy, ta Mere.   Adieu, *Remittuntur.*

Nunquam ſera ad bonos mores via.

La

La vie de l'homme.

QUe l'homme eſt bien durant ſa vie
    Un parfait miroir de douleur !
Dès qu'il reſpire, il pleure, il crie,
Il ſemble prevoir ſes malheurs.

Dans l'enfance toûjours des pleurs,
Un Pedant, porteur de triſteſſe,
Des livres De toutes couleurs,
Des châtimens de toute eſpece.

L'ardente & fougeuſe Jeuneſſe
Le met bien tôt en pire êtat;
Des Creanciers, une Maîtreſſe
Le tiraillent comme un forçat.

Dans l'âge mur autre combat :
L'Ambition le ſollicite;
Honneur, richeſſe, faux eclat,
Soin de famille, tout l'agite.

                    Vieux,

Vieux, on le meprise, on l'evite :
Mauvaise humeur, infirmité,
Toux, gravelle, goute, pituite
Assiegent sa caducité.

Pour comble de calamité
Un Directeur s'en rend le Maître :
Il meurt enfin peu regreté.
C'etoit bien la peine de naître.

Horreur de l'Adultere.

UN Cordelier prêchoit sur l'Adultere,
   Et s'echaufoit le Moine en son harnois
A demontrer par maint beau Commentaire,
Que ce pêché blesse toutes les Loix.
Oui, Mes Enfans, dit il, haussant sa voix ;
J'aimerois mieux pour le bien de mon ame,
Avoir à faire à dix Filles par mois,
Que de toucher en dix ans une Femme.

Cette

CEtte beauté pleine de grace
   Aime les suppots de Phæbus,
Elle ressemble au Mont Parnasse,
Tous les Auteurs montent dessus.

ENtre autres impertinences qu'on attribuë
  à M. Menage dans le Menagiana, on le
fait parler de cette maniere : *Avant que la
Reine de Suede vinst en France, Elle me fit
prier de l'aller voir, comme elle avoit fait
plusieurs autres Sçavans.*

SEneque exprimoit le caractere de ces gens
  qui paroissent toûjours affairez, & tracas-
sent continuellement sans avancer aucune affaire par ces mots : *Operose nihil agunt.*

Parti

Parti tres fage.

JE me tiens dans l'état où le Ciel m'a fait naître.
  Je vis content à peu de frais,
Et pour ne point avoir de Maître
Je fai me paſſer de Valets.

Admirable Recette.

UN Compagnon diſoit ſa ratelée
  A certain Carme & s'accuſoit à Dieu
D'avoir donné trente fois l'accolée
A ſon Amie en même jour & lieu.
Le Moine dit, trente fois Vertu-bieu!
Oui, dit le Gars, par la vertu ſecrete
D'une Racine. Ami, dit le Billete,
A tout Pecheur Dieu fait remiſſion ;
Or donne moi ta joyeuſe recette,
Et te promets mon abſolution.

Tanquam canis e Nilo.

L'Her-

L'Hermaphrodite. *

MA mere enceinte, & ne sachant de quoi
S'adresse aux Dieux: là dessus grand bisbille.
Apollon dit: C'est un fils selon moi;
Et selon moi, dit Mars, c'est une fille ;
Point, dit Junon, ce n'est fille ni fils.
Hermaphrodite ensuite je nacquis.
Quant à mon sort; C'est, dit Mars, le naufrage ;
Junon, le glaive ; Apollon, le gibet.
Qu'arrive-t-il? Un jour sur le rivage
Je vois un arbre, & je grimpe au sommet.
Mon pied se prend; la tête en l'eau je tombe
Sur mon epée.   Ainsi trop malheureux,
A l'onde, au glaive, au gibet je succombe
Fille & garçon sans être l'un des deux,

* Traduction du Latin, page 153.

*Nunquam aliud Natura aliud Sapien-
tia dixit.*

Epigramme à M. L'Abbé de Chaulieu.

MAître * Vincent, le grand Faiseur de Lettres,
    Si bien que vous n'eût seu prosaïser.
Maître * Clement le grand Faiseur de Metres,
Si doucement n'eût seu poëtiser :
Phœbus adonc va se desabuser
De son amour pour la docte Fontaine,
Et connoîtra que pour bons vers puiser,
Vin Champenois vaut mieux qu'Eau d'Hipocrene.

    * Voiture.
    * Marot.

Loin d'epuiser une matiere,
On n'en doit prendre que la
fleur.

A Demain toutes Choses
Nouvelles.